퍼펙트 멘탈

당신의 골프를 향상시킬 100가지 조언

퍼펙트 멘탈

제1판 제1쇄 발행 2023년 2월 24일
제1판 제2쇄 발행 2023년 9월 10일

지은이 이종철
그린이 문악보
펴낸이 임용훈

마케팅 오미경
편집 전민호
용지 (주)정림지류
인쇄 올인피앤비

펴낸곳 예문당
출판등록 1978년 1월 3일 제305-1978-000001호
주소 서울시 영등포구 문래동 6가 19 문래SK V1 CENTER 603호
전화 02-2243-4333~4 | **팩스** 02-2243-4335
이메일 master@yemundang.com | **블로그** www.yemundang.com
페이스북 www.facebook.com/yemundang | **트위터** @yemundang

ISBN 978-89-7001-632-0 03690

퍼펙트 멘탈

당신의 골프를 향상시킬 100가지 조언

PERFECT
MENTAL

이종철 지음 | 문악보 그림

예문당

나는 프로에 합격하기까지 12년이 걸렸다. 남들에 비하면 두 배 이상의 시간이 들어간 것이다. 그렇다고 내가 신체적으로 부족한 점이 있다거나 연습량이 부족한 것도 아니었다. 운동이 좋아 한국체대에 입학했으며, 키 180cm의 건장한 체격을 갖추고 있다. 프로에 합격하기까지 단 한 번도 다른 일에 눈을 돌린 적이 없다. 답답하고 억울한 시간이 계속되었고, 때로는 '프로조차 되지 못한다면 도대체 내 인생은 어떻게 되는가'라는 두려움마저 있었다. 번번이 프로 테스트에 떨어질 때마다 완벽하지 못한 나의 스윙을 탓했고, 풍족하지 못한 환경을 한탄했다. 나중에야 깨달은 사실이지만, 골프가 잘 안 된 이유는 어느 특정 기술과 같은 외적 요인이 아니라 낮은 자존감으로 인한 열등감, 우울, 불안, 피해의식 등과 같은 내면적인 문제였다. 내 골프에 대한 걱정과 의심은 골프와 상관없는 '삶에 대한 두려움' 때문이었고, 이를 극복하는 과정은 나 자신과의 처절한 싸움이었다. 내면의 변화는 아이러니하게도 내 골프에 변화를 가져다주었다. 병든 마음과 그토록 정체되었던 골프, 이 둘의 변화가 동시에 시작된 것은 결코 우연이 아닌 필연이었다. '삶이 행복하기 위한 멘탈'과 '골프를 잘하기 위한 멘탈'에는 떼려야 뗄 수 없는 기막힌 연결고리가 있던 것이다.

　　사람들은 흔히 골프를 인생에 비유한다. 왜냐하면 삶의 희로애락, 성공과 실패의 드라마가 잔디 위에서도 똑같이 일어나고, 18홀을 라운드하는 동안 사람이 한평생 느끼는 감정을 모두 경험할 수 있기 때문이다. 사실 모든 일이 그렇겠지만 유독 골프에서는 확연히 드러나는 듯하다. 그래서 골프가 멘탈 게임이라고 불리는지도 모르겠다. 나는 언제부터인가 '골프와 삶의 멘탈적인 뿌리는 하나다'라는 가설을 세워 생각하는 습관이 생겼다. 아마도 이 둘의 연결고리를 어렴풋이 느끼며 직접 체험하기 시작했을 때부터인 듯하다. 그래서 골프에 대한 문제를 삶에 대한 관점으로 풀어보기도 하고, 반대로 삶에 대한 문제를 골프에 대한 관점으로 바라보기도 했다. 결국 나는 골프와 삶의 본질이 눈에 보이는 그 무언가에 있는 것이 아니라 눈에 보이지 않는 마음에 있음을 확인했다.

하지만 사람들은 보이는 것에 더 많은 관심을 가진다. 일단 보이는 것으로 평가하고 판단하는 사람들의 경향 때문에 우리는 가꾸고 치장하며, 더 잘 보이기 위해 노력한다. 이런 노력이 당연하게 생각될 수도 있지만, 그럴수록 있는 그대로의 모습은 가려진다. 결국 사람들은 보이는 것에 현혹되고 보이는 것에 속고 만다. 사기를 당하고, 배신을 당하고, 이혼을 하고, 섣부르게 도전하여 실패하는 이유가 여기에 있지 않을까 싶다. 골프와 삶의 진실이 눈에 보이지 않는 곳에 있음을 깨닫는다면 삶이 행복하지 않은 사람들, 골프가 즐겁지 않은 사람들을 쉽게 이해할 수 있다. 이들이 바로 보이는 것에만 현혹된 사람들이기 때문이다.

'골프와 삶의 멘탈적인 뿌리는 하나다'라는 나의 가설은 틀리지 않았다. 여전히 나는 나의 가설을 증명해나가고 있다. 골프 선수들을 만나면서 그저 골프 하나 잘하고자 하는 마음이 아닌 삶에 대한 자신감, 자존감으로 변화되어 가는 과정을 지켜보고 있다. 그것은 본연의 '나'를 찾아가는 과정이다. 그 과정에는 기쁨과 감동이 있다. 그것은 단순히 스윙 동작 하나 바꾸어 공이 똑바로 나갈 때 얻는 그런 기쁨과는 차원이 다르다. 그들은 하나같이 스스로에게 놀라고, 스스로에게 감동한다. 골프에 대한 자신감, 삶에 대한 자신감을 동시에 갖는다는 것은 그들에게 특별하고 신기한 경험이다. 그동안 골프와 세상이 나를 짓눌렀다면 이제는 내가 골프와 세상을 지배하는 입장의 대변화이다. 그들은 두려웠던 골프가 재미있어졌다고 이야기하며, 그토록 스트레스 받던 시합이 기다려진다고 이야기한다. 이 얼마나 획기적인 사건인가?

하마터면 나는 그런 골프의 진실을 만나지 못한 채 죽을 뻔했다. 하마터면 그들도 진실을 만나지 못한 채 골프를 때려 치울 뻔했다. 골프와 삶의 멘탈적인 뿌리를 깨닫지 못했다면 과연 나의 삶이 어떻게 됐을까. 생각만 하면 아찔하다. 이 책은 나의 가설을 증명해나가는 하나의 과정이다. 나 자신이 직접 경험했고, 멘탈을 지도하는 선수들을 통해 또 한 번 검증했으며, 이미 성공한 선수들을 통해 다시 한 번 검증했다. 그러므로 이 책은 모든 골퍼에게 유익한 정보가 될 것이라 확신한다. 그렇다면 또 한 번 검증하는 셈이다.

2022년 11월

CONTENTS

1

골프도 인생도 마음의 게임

3

자신감과 멘탈 훈련

현명한 전략 그리고 퍼팅

자존감과 멘탈 관리

골프도 인생도
마음의 게임

PERFECT MENTAL

골프와 인생은 닮은 점이 많다.

골프와 인생의 멘탈적인 뿌리가 하나이기 때문이다.

삶의 지혜는 골프에 그대로 적용된다.

001

골프는 멘탈 게임

골프

영국의 로라 데이비스는 LPGA 투어 〈2018 뱅크 오브 호프 파운더스 컵〉에서 최종 합계 14언더파, 공동 2위로 경기를 마감했다. 당시 그녀의 나이는 무려 55세였다. 게다가 고질적인 무릎 부상으로 인해 경기 내내 쩔뚝거리며 걸어야 했다. 만약 골프가 신체적인 능력만을 겨루는 게임이었다면 그녀는 경기에 참여조차 할 수 없었을 것이다.

프로 무대에는 독특한 스윙으로도 좋은 성적을 기록하는 선수들이 있다. 8자 스윙으로 유명한 짐 퓨릭은

29승, 손목이 꺾인 톱스윙을 하는 더스틴 존슨은 28승, 오버스윙으로 잘 알려진 존 댈리는 18승, 자신만의 백스윙을 구축한 박인비는 골든 그랜드슬램과 세계랭킹 1위를 기록했다. 이들은 한결같이 완벽한 스윙 동작이 그렇게 중요한지에 대해 다시 생각하게끔 만든다.

반면 완벽한 스윙을 하고 있음에도 불구하고 좋은 성적을 기록하지 못하는 선수들도 있다. 그들은 시종일관 스윙에 관한 생각으로 가득 차 있고, 늘 스윙의 결점을 찾아내느라 바쁘다. 겉보기에는 참 열심히 훈련하는 것처럼 보인다. 과연 '좋은 스윙 = 좋은 스코어'라는 등식은 맞는 것인가?

이러한 예시는 결국 골프가 '멘탈 게임'이라는 사실을 증명해준다. 골프는 신체적인 능력을 겨루는 게임이 아니고, 누구 스윙이 더 완벽한가를 겨루는 게임도 아니다. 또는 누가 더 멀리 칠 수 있느냐를 경쟁하는 것도 아니다. 여타의 조건들이 달라도 챔피언들에게는 공통점이 있다. 그것은 과연 무엇일까? 그 해답은 마음에 있지 않을까?

인생

2010년 3월, 『무소유』의 저자 법정 스님이 타계했다. 스님은 일생토록 암자와 산골 오두막에서 밭을 일구며 홀로 지냈다고 한다. "아무것도 갖지 않을 때 비로소 온 세상을 갖게 된다"는 평소 말씀처럼 '무소유'의 삶을 몸소 실천했다. 만약 인생이 부와 명예, 권력을 가졌을 때만 행복한 것이라면 아마도 스님은 가장 불행한 삶을 사셨을 것이다.

세상에는 어려운 환경, 부족한 조건 속에서도 행복한 삶을 살아가는 사람들이 있다. 팔다리 없이 태어난 닉 부이치치는 '나는 행복합니다'라는 말로써 세상 사람들에게 희망의 메시지를 전달한다. 현대 문명이 들어서지 않은 아마존의 원시 부족은 사냥으로 끼니를 때우면서도 행복하게 살아간다. 이들은 한결같이 풍족한 환경만이 행복을 만드는가에 대해 다시금 생각하게 만든다.

반면 완벽한 조건에도 불구하고 행복하지 못한 사람들도 있다. 남부럽지 않은 재벌가, 잘나가는 연예인, 힘 센 권력자라 할지라도 우울증, 자살, 이혼, 가족 싸움, 각종 범법 행위 등을 피할 수 없다. 이렇게 나쁜 일들만 따라다니는 사람들은 시종일관 탐욕으로 가득 차 있고, 무언가에 대한 집착으로 살아간다. 겉보기에는 참 좋아 보이지만 과연 '부, 명예, 권력 = 행복'이라는 등식은 맞는 것인가?

이러한 예시는 결국 인생이 멘탈 게임이라는 것을 증명해준다. 인생은 돈이 많아야 행복한 게 아니고, 누구의 직업이 명예로운가를 겨루는 게임도 아니다. 또는 누구의 권력이 더 센가를 경쟁하는 것도 아니다. 여타의 조건이 달라도 행복하게 사는 사람들, 그들에게는 공통점이 있다. 그것은 과연 무엇일까? 그 해답은 마음에 있지 않을까?

002

골프는 타깃 게임

골프

골프는 사격, 양궁, 다트와 같은 타깃 게임이다. 타깃 게임은 목표를 설정하고 그것을 누가 더 정확하게 맞추느냐 하는 게임을 말한다. 좀 더 넓은 의미에서 생각해 보면 축구, 배구, 농구, 탁구, 테니스, 배드민턴과 같은 스포츠도 타깃 게임의 범주에 있다. 왜냐하면 공을 가지고 하는 스포츠는 모두 보내고자 하는 표적이 있어야 하기 때문이다. 골퍼는 이 점을 간과해서는 안 된다.

골프와 다른 스포츠의 차이점을 생각해 보면, 골프를 하는 사람들은 유독 '동작 만들기'에 열을 올린다. 넘

쳐나는 스윙 정보, 최첨단의 스윙 분석 장비, 다양한 TV 레슨 프로그램 등은 골프가 마치 '모양 만들기 경연대회'가 아닌지 헷갈리게 만든다. 게다가 손쉽게 사용할 수 있는 스마트폰 카메라는 골퍼에게 온통 스윙 동작에만 관심을 두도록 한몫하고 있다.

필드에서 정작 해야 하는 것은 원하는 곳으로 공을 보내는 일이다. 하지만 골퍼들이 놓치고 있는 점은 동작 만들기만이 내가 할 수 있는 노력의 전부라 여기는 것이다. 물론 동작 만들기를 열심히 해야 할 시기가 있고, 스윙 교정을 해야 할 때도 있다. 하지만 해가 지나도 오직 그런 노력에만 머물러 있다면 골프는 요원한 숙제로 남게 될 것이다.

공을 원하는 곳으로 보내는 일은 반드시 똑바로 날아가야만 하는 것은 아니다. 공이 왼쪽이나 오른쪽으로 조금 휘더라도 골퍼는 목표한 곳에 공을 떨어뜨릴 수 있다. 타깃 게임은 남들에게 보이는 완벽한 스윙이 아닌 눈에 보이지 않는 멘탈이 좌우한다. 타깃 게임을 잘하기 위해서는 적어도 땅을 바라보는 시간보다 타깃을 바라보는 시간이 더 많아야 한다.

인생

인생은 사랑과 우정, 배움과 나눔, 꿈과 희망, 보람과 감사를 통해 행복해질 수 있다. 행복의 기준으로 생각해 보자면 반드시 좋은 직업을 가져야 행복한 것은 아니다. '어떤 직업이냐'가 아니고 '어떻게 하느냐' 또는 '어떻게 사느냐'가 행복을 만든다는 이야기다. 행복은 성적순이 아니듯, 행복이 직업 순도 아니다. 취업을 준비하는 사람들은 이점을 간과해서는 안 된다.

취업에 자신감이 없고 누려움이 큰 사람들은 유독 스펙 쌓기에 열을 올린다. 써먹을 데 없는 자격증, 마음에도 없는 봉사활동, 듣고 말하기가 되지 않는 영어점수 등은 인생이 마치 '스펙 쌓기 경연대회'가 아닌가 헷갈리게 만든다. 게다가 이 사회에 만연한 학벌주의, 성과주의는 취업 준비생들에게 온통 스펙 쌓기에만 관심을 두도록 한몫하고 있다.

직업을 갖기 위해서는 자신에게 어떤 재능이 있고

무엇에 행복해하는지를 알아야 한다. 하지만 취업 준비생 중에는 스펙 쌓기만이 내가 할 수 있는 노력의 전부라 여기는 경우가 있다. 물론 자격증 취득을 위해 노력할 시기도 있고, 스펙 쌓기를 열심히 해야 할 때도 있다. 하지만 해가 지나도 오직 그런 노력만 한다면 삶의 행복은 요원한 숙제로 남게 될 것이다.

행복한 삶은 반드시 좋은 스펙, 좋은 학벌, 좋은 직업을 가지고 있어야만 하는 것은 아니다. 행복은 남들에게 보여지는 것에 있지 않고, 눈에 보이지 않는 내면에 있다. 행복한 삶을 위해서는 우선 자신을 사랑하는 자존감이 있어야 하며, 적어도 남을 쳐다보는 시간보다 나에게 집중하는 시간이 더 많아야 한다.

003

골프는 실수의 게임

골프

골프에서 실수는 필연적이다. PGA 투어 82승을 기록 중인 타이거 우즈도 미스 샷은 피할 수 없다. 그랜드 슬램을 달성한 벤 호건은 한 라운드에 완벽한 샷이 두세 개만 나와도 잘한 플레이라고 생각했다. PGA 투어 선수들의 평균 그린 적중률은 60%대이다. 72타는 주말골퍼에게 꿈의 스코어지만, 모두 완벽한 샷에 의한 결과는 아니다.

이렇듯 골프는 실수 하나 없이 할 수 있는 게임이 아니다. 문제는 실수를 대하는 태도에 있다. 미스 샷을 치고 난 골퍼의 태도는 어떠한가? 실망과 좌절, 때로는 창피함, 분노를 일으키기도 한다. 실수라고 생각하는 기준이 너무 엄격하기 때문이다. 실수의 기준을 낮춰야 한다. 미스 샷은 언제나 있을 수 있는 일이라고 생각한다면 감정 기복은 훨씬 덜할 것이다.

미스 샷이 꼭 나쁜 것만도 아니다. 미스 샷은 당장의 스코어 손실을 가져다주지만, 골퍼에게 주는 긍정적인 효과도 있다. 첫 번째로 실수를 통해 교훈을 얻을 수 있다. 골프에 필요한 감각은 넘치면 줄이고 부족하면 채움으로써 완성된다. 고수로 가는 길은 감각의 적절한 기준을 찾는 끝없는 여정과도 같다. 실수는 발전을 위한 기초 자료일 뿐이다.

두 번째 효과는 게임의 재미이다. 만약 골프가 실수 없이 완벽한 게임이 가능했다면 사람들은 금방 싫증을 내고 다른 것을 찾았을 것이다. 실수가 있었기에 우리는 희로애락喜怒哀樂을 느끼며 또다시 필드로 나설 수 있다. 잡힐 듯 잡히지 않는 골프의 매력은 끝없는 미스 샷과 성공 샷이 적절하게 어우러져 있기 때문이 아닐까?

인생

인생에서 실패는 필연적이다. 한국인 최초 노벨평화상을 수상한 김대중 대통령은 26년 동안 4번의 도전 끝에 대통령이 될 수 있었다. 스마트폰의 혁명을 이끈 애플 창시자 스티브 잡스는 한때 자신이 설립한 회사에서 쫓겨나는 수모를 겪었다. 세계에서 가장 많이 팔린 소설 '해리 포터 시리즈'의 작가 조앤 롤링은 12군데 출판사로부터 거절당했다. 필자는 14번의 도전 끝에 프로 골퍼가 되었다.

이렇듯 인생은 실패 하나 없이 살아갈 수 없다. 문제는 실패를 대하는 태도에 있다. 실패한 사람의 태도는 어떠한가? 실망과 좌절, 때로는 창피함, 때로는 분노를 일으키기도 한다. 이것은 스스로 실패라고 생각하는 기준이 너무 엄격하기 때문이다. 기준을 낮춰야 한다. 실패는 언제든 일어날 수 있는 일이라고 생각한다면 실망과 좌절감은 훨씬 덜할 것이다.

실패가 꼭 나쁜 것만은 아니다. 실패는 사람들에게 당장의 심리적 또는 금전적 피해를 가져다주지만, 자신에게 주어지는 긍정적인 효과도 있다. 첫 번째, 실패를 통해 교훈을 얻을 수 있다. 삶의 지혜는 경험을 통해 차곡차곡 쌓인다. 인생은 실패와 성공 속에서 삶의 지혜를 찾아가는 끝없는 여정과도 같다. 실패는 성공을 위한 기초 자료일 뿐이다.

두 번째 효과는 인생의 재미이다. 만약 인생이 실패 하나 없이 쉬운 일이었다면 사람들은 인생의 참맛을 느끼기 어려웠을 것이다. 실패가 있었기 때문에 우리는 희로애락을 느끼며 또다시 삶을 이어갈 수 있다. 잡힐 듯 잡히지 않는 삶의 매력은 끝없는 실패와 성공이 적절하게 어우러져 있기 때문이 아닐까?

타깃 게임은 남들에게 보이는 완벽한 스윙에 있지 않고
눈에 보이지 않는 멘탈에 있다. 타깃 게임을 잘하기 위해서는
적어도 땅을 바라보는 시간보다
타깃을 바라보는 시간이 더 많아야 한다.

004

골프는 자신감의 게임

골프

대회에 출전하는 선수들의 연습 장면을 지켜보면 하나같이 공을 똑바로 잘 쳐낸다. 벙커 샷은 일품이고, 퍼팅은 치는 대로 들어가는 듯하다. 하지만 대회가 끝나고 나면 1등부터 꼴찌까지 성적은 천차만별이다. 공을 치는 능력은 엇비슷하게 보이지만 결과는 확연하게 다르다. 과연 그 이유는 무엇일까?

한 시즌을 지내고 보면 언제나 우승 후보라는 수식어가 따라다니는 선수가 있는 반면, 늘 예선 통과를 하느냐 못하느냐를 고민하는 선수도 있다. 또한 예선 통과는 하지만 좀처럼 상위권에 진출하지 못하는 선수도 있다. 상금 랭킹 1위부터 꼴찌까지 자신이 머무는 자리는 늘 비슷하다.

미국의 스포츠 심리학자 밥 로텔라는 자신감의 차이에서 그 이유를 찾는다. 자신감이 낮은 골퍼는 긴장감을 자주 느끼며 집중력이 약하다. 또한 자신의 스윙을 만족스러워하지 않기 때문에 자꾸만 스윙을 고치려 든다. 그리고 미스 샷을 좀처럼 받아들이지 못하고 자신을 책망하기 바쁘다.

반면 자신감이 높은 골퍼는 새로운 환경에도 불안해하지 않고 도전을 즐긴다. 또한 스윙에 대한 결점을 찾기보다는 자신의 장점에 집중하며 그것을 어떻게 더 활용할지를 생각한다. 골프는 찰나의 섬세함과 정확도를 반복적으로 요구한다. 이것은 '나는 잘 해낼 수 있다'는 믿음 안에서 더욱 빛이 난다. 그 믿음이 바로 골프에서 필요한 자신감이다.

인생

사회에 나오기 전, 명문대에 들어간 학생들의 성적을 보면 하나같이 공부를 잘했다. 영어 실력도 일품이고 어려운 수학 문제도 척척 잘 풀어낸다. 하지만 대학을 졸업하고 나면 백수에서 판검사까지 직업은 천차만별이다. 공부하는 능력은 엇비슷하게 보이지만 결과는 확연하게 다르다. 과연 그 이유는 무엇일까?

개개인의 삶을 들여다보면 하는 일마다 잘 풀려 성공 가도를 달리는 사람들이 있는 반면, 매번 자신이 하는 일을 때려치우네 마네를 습관처럼 입에 달고 다니는 사람들도 있다. 또한 어떤 사람들은 직업을 구하지 못해 근근이 살아가는 것으로 만족해야 한다. 성공한 사람들과 그렇지 못한 사람들, 그들이 머무는 자리는 늘 비슷하다. 과연 그 이유는 무엇인가?

나는 삶의 자신감 차이에서 그 이유를 찾고 싶다. 자신감이 없는 사람들은 미래에 대한 불안감을 자주 느끼며, 자신의 환경에 불만을 품으려고만 한다. 또한 자기 자신을 만족스러워하지 않기 때문에 자꾸만 자신을 고치려

든다. 그리고 실패하는 것을 좀처럼 받아들이지 못하고 자신을 책망하기 바쁘다.

반면 자신감이 높은 사람들은 새로운 환경에도 불안해하지 않고 도전을 즐긴다. 또한 자신에 대한 결점을 찾기보다는 장점에 집중하며 그것을 어떻게 더 활용할지를 생각한다. 인생은 자신을 표현하면서 잠재력을 폭발시키는 하나의 무대이다. 이것은 '나는 잘 해낼 수 있다'는 믿음 안에서 더욱 빛이 난다. 그 믿음이 바로 인생에서 필요한 자신감이다.

005

PERFECT MENTAL

도전을 즐겨라

골프

성공한 사람들은 '자기 일을 즐겨야 한다'고 조언한다. 하지만 이 말을 잘못 이해한 사람들은 그저 웃고 떠들고 희희낙락喜喜樂樂하는 것을 즐거움이라 착각한다. 골프에서도 마찬가지다. 만약 필드에서 웃고 떠드는 일을 즐기는 것으로 알고 있다면, 그 사람은 성공한 사람들이 말하는 즐거움에 이를 수 없다.

어떤 골퍼는 좋은 공기 마시며 잔디를 거니는 것이 즐겁다고 한다. 또 어떤 골퍼는 좋은 사람들과 어울리는 것이 즐겁다고 한다. 또 어떤 골퍼는 호쾌한 드라이버 샷을 치는 것이 즐겁다고 한다. 이렇게 모두 저마다 즐김의 요소를 찾는다. 하지만 이런 즐거움이 골프를 포기하지 않도록 할 만큼의 지속적인 동기를 주지는 못한다.

그렇다면 골프를 계속하도록 만드는 참 재미는 어디에서 오는 것일까? 그것은 도전하는 즐거움이다. 골프를 하다 보면 궂은 날씨도 있고, 어려운 코스를 만나기도 한다. 또한 나보다 뛰어난 골퍼, 혹은 이제 갓 입문한 골퍼와 플레이하기도 한다. 항상 좋은 컨디션, 원하는 조건에서만 플레이할 수 있는 것은 아니다.

이와 같은 무수한 변수는 순간순간 골퍼의 집중력을 흐리게 만든다. 집중이 흐려지면 자신의 재능, 본능, 감각을 일관성 있게 쓸 수 없다. 이로 인해 실패를 겪기도 하지만 그 과정에서 교훈을 얻어 또다시 도전한다. 마침내 자신의 목표를 달성한 골퍼는 새로운 도전을 다짐한다. 진정한 골퍼는 반복되는 실패와 성취 속에 참 재미를 느낀다. 이것이 바로 도전하는 즐거움이다.

인생

성공한 사람들은 '자기 일을 즐겨야 한다'고 조언한다. 하지만 이 말을 잘못 이해한 사람들은 그저 웃고 떠들고 희희낙락하는 것을 즐거움이라 착각한다. 어떤 직업을 가졌든 마찬가지다. 만약 일터에서 웃고 떠드는 일을 즐기는 것으로 알고 있다면, 그 사람은 성공한 사람들이 말하는 즐거움에 이를 수 없다.

어떤 사람은 좋은 공기 마시며 자연 친화적인 환경에서 일하는 것이 즐겁다고 한다. 또 어떤 사람은 다양한 사람들을 만나는 것이 즐겁다고 한다. 또 어떤 사람은 출퇴근이 자유롭고, 휴일이 많아서 즐겁다고 한다. 이렇게 모두 저마다 즐김의 요소를 찾는다. 하지만 이런 즐거움이 자신의 일을 포기하지 않도록 할 만큼의 지속적인 동기를 주지는 못한다.

그렇다면 한 우물만 파도록 하는 일의 참 재미는 어디에서 오는 것일까? 그것은 도전하는 즐거움이다. 일을 하다 보면 난관에 부딪히기도 하고, 나쁜 사람들을 만나기도 한다. 또한 나보다 뛰어난 사람 혹은 경쟁자를 만나기도 한다. 항상 좋은 컨디션, 원하는 조건에서만 일할 수 있는 것은 아니다.

이와 같은 무수한 변수는 순간순간 집중력을 흐리게 만든다. 집중이 흐려지면 자신의 재능, 소질, 잠재력을 최대한 발휘할 수 없다. 이로 인해 실패를 겪기도 하지만 그 과정에서 교훈을 얻어 또다시 도전한다. 마침내 자신의 목표를 달성한 사람은 새로운 도전을 다짐한다. 진정한 일꾼은 반복되는 실패와 성취 속에 참 재미를 느낀다. 이것이 바로 도전하는 즐거움이다.

006

조언은 함부로 받지도 하지도 마라

골프

골프 연습을 하다 보면 레슨과 조언이 난무할 때가 있다. 누구는 어깨를 돌려라, 체중이동을 해라, 누구는 팔을 펴라, 콕킹을 해라 등등. 하나의 동작을 두고서도 보는 사람의 관점에 따라 다양한 이야기가 나온다. 남의 말만 쫓는 사람은 누구의 말이 맞는지도 모르고 이것저것 따라 하다가 머리만 복잡해진다.

하루만 먼저 배워도 남을 가르치려 드는 사람들이 있다. 경우 없이 말만 앞서는 사람들이다. 정작 이런 골퍼들은 스윙의 본질과 동작의 원리를 이해하지 못한 채 단순히 자신이 알고 있는 수준에서만 이야기한다. 이들이 스윙 동작의 문제를 정확히 파악하고 그에 맞는 적절한 방법을 제시해줄 리 만무하다.

이렇게 자신의 무지에도 불구하고 늘 가르치려 드는 골퍼들도 문제지만, 남의 이야기를 맹목적으로 따르는 사람들도 문제가 있다. 골퍼들은 자신의 스윙에 대한 평가를 듣거나 조언을 듣게 되면, 내용과 상관없이 귀가 솔깃해지는 경향이 있다. 앞에서는 무시하는 척하다가도 돌아서면 그게 왜 문제인지, 뭐가 문제인지 혼자서 고민하고 따져보곤 한다.

골프는 자기 주도적인 마음을 가지고 연습할 때 진정한 실력 향상이 따른다. 스스로 연구하는 마음으로 시행착오를 겪을 때 자신만의 골프 철학이 만들어진다. 조언이 필요하다면 자신의 문제를 정확하게 짚어낼 수 있는 사람에게 들어야 하고, 그러기 위해서는 검증된 전문가를 만나야 한다. 사공이 많으면 배가 산으로 간다는 말이 있듯이 나에게 조언하는 사람이 많아서는 안 된다.

골프는 자기 주도적인 마음을 가지고 연습할 때
진정한 실력 향상이 따른다.
스스로 연구하는 마음으로 시행착오를 겪을 때
자신만의 골프 철학이 만들어진다.

인생

삶을 살아가다 보면 인생에 대한 조언이 난무할 때가 있다. 누구는 자기 일이 최고다, 월급 받고 다니는 것이 최고다, 누구는 공부해라, 공부 못해도 성공할 수 있다 등등. 같은 삶인데 관점에 따라 다양한 이야기가 나온다. 남의 말만 쫓는 사람은 누구의 말이 맞는지도 모르고 이것저것 시도하다가 머리만 복잡해진다.

나이 한 살 더 먹었다고 아랫사람을 가르치려 드는 사람이 있다. 경우 없이 말만 앞서는 사람들이다. 정작 이런 사람들은 삶의 본질과 행복의 원리를 이해하지 못한 채 단순히 자신의 개똥철학만 가지고 이야기한다. 이들이 개인의 삶과 능력을 정확하게 파악하고 그에 맞는 적절한 조언을 제시해줄 리 만무하다.

이렇게 자신의 무지에도 불구하고 늘 가르치려 드는 사람도 문제지만, 남의 이야기를 맹목적으로 따르는 사람들도 문제가 있다. 사람들은 자신에 대한 평가나 조언을 듣게 되면, 내용과 상관없이 귀가 솔깃해지는 경향이 있다. 조언 앞에서는 못 들은 척하다가도 돌아서면 그

게 왜 문제인지, 뭐가 문제인지 혼자서 고민하고 따져보
곤 한다.

삶은 자기 주도적인 마음을 가지고 살아갈 때 진정
으로 행복해진다. 스스로 개척하려는 마음으로 시행착오
를 겪을 때 자신만의 인생철학이 만들어진다. 조언이 필
요하다면 나에 대해서 잘 파악할 수 있고, 경험이 풍부한
사람에게 들어야 한다. 남의 말만 쫓다간 자기 삶을 잃는
수가 있다.

007

변명하지 마라

골프

몇몇 골퍼들은 성적이 마음에 들지 않을 때면 여러 가지 변명을 늘어놓는다. 연습을 못 해서, 레슨을 받아서, 잠을 푹 자서, 코스가 나랑 안 맞아서, 채가 맞지 않아서, 동반 자가 마음에 안 들어서, 캐디가 마음에 안 들어서, 스윙을 바꿔서, 컨디션이 안 좋아서, 몸이 안 풀려서, 필드에 오랜만에 나와서 등등 골퍼의 변명거리는 무수히 많다.

변명을 자주 늘어놓는 골퍼들은 대체로 라운드마다 불평불만이 많다. 왜냐하면 실력을 갖추지 못한 자신을 발견하기보다 주어진 조건을 탓하고, 상황과 환경을 탓하는 마음이 앞서기 때문이다. 변명은 낮은 자신감에서 비롯된 자기합리화이면서 자신의 진짜 실력을 감추고 싶은 마음이다. 또한 타인에게 인정받고 싶은 욕구이면서 자신을 속이는 마음이기도 하다.

성적은 언제나 실력만큼 나오기 마련이다. 100타가 나와도 자신의 점수이고, 80타가 나와도 자신의 점수이다. 있는 그대로 나온 만큼 자신의 실력이라 받아들여야 한다. 하지만 변명이 습관 된 골퍼들은 최상의 상태에서 최고의 점수가 나올 때, 비로소 그것을 자신의 실력으로 여긴다.

진짜 실력자는 컨디션이 좋지 않아도, 어떤 상황이라도 대체로 자신의 성적을 만들어낸다. 그들은 코스나 채 탓을 하지 않으며, 캐디나 동반자 탓도 하지 않는다. 자신에게 주어진 조건이 어떻더라도 불평하는 법이 없다. 실력자는 변명할 필요성을 못 느낀다. 자신의 점수를 만들어 낼 자신이 있기 때문이다.

인생

몇몇 영업하는 사람들은 매출이 마음에 들지 않으면 여러 가지 변명을 늘어놓는다. 동네가 안 좋아서, 자리가 안 좋아서, 유동인구가 없어서, 메뉴가 안 좋아서, 회사가 안 좋아서, 제품이 안 좋아서, 시설이 안 좋아서, 재료가 안 좋아서, 직원이 마음에 안 들어서, 경기가 안 좋아서, 경험이 없어서 등등 변명거리는 무수히 많다.

변명을 자주 늘어놓는 사람들은 대체로 매출 정산을 할 때마다 불평불만이 많다. 왜냐하면 능력을 갖추지 못한 자신을 발견하기보다 주어진 조건을 탓하고, 상황과 환경을 탓하는 마음이 앞서기 때문이다. 변명은 낮은 자신감에서 비롯된 자기합리화이면서 자신의 무능을 감추고 싶은 마음이다. 또한 타인에게 인정받고 싶은 욕구이면서 자신을 속이는 마음이기도 하다.

영업 매출은 언제나 능력만큼 나오기 마련이다. 1백만 원이 나와도 자신의 능력이고, 1억 원이 나와도 자신의 능력이다. 있는 그대로 나온 만큼 자신의 능력이라 받아들여야 한다. 하지만 변명이 습관 된 사람들은 최상의 상태에서 최고의 매출이 나올 때, 비로소 그것을 자신의 매출로 여긴다.

진짜 능력자는 조건이 좋지 않아도, 어떤 상황이라도 대체로 자신의 매출을 만들어낸다. 좋은 농사꾼에게 나쁜 땅이 없다는 속담이 있듯이 그들은 동네나 자리 탓을 하지 않으며, 고객이나 회사 탓도 하지 않는다. 자신에게 주어진 조건이 어떻더라도 불평하는 법이 없다. 능력자는 변명할 필요성을 못 느낀다. 자신의 매출을 만들어낼 자신이 있기 때문이다.

008

평상심을 유지하라

골프

평상심이란 일상의 마음이며, 감정 요동이 없는 상태를
일컫는다. 골퍼가 어떤 상황을 중요하게 인식하면 그 상
황을 해결하기 위한 특별한 마음을 가지며, 그 일의 성패
에 따라 감정이 유발된다. 이는 자신도 모르게 무언가에
대해 집착하기 때문이다. 집착이 없었다면 마음이 특별
해질 필요도 없고, 감정이 일어날 필요도 없다.

상대보다 더 멀리 보내고자 하는 마음은 거리에 대
한 집착이다. 무리하게 핀에 가깝게 붙이려는 마음은 성
적에 대한 집착이다. 기술적인 생각으로 머릿속이 복잡

해지는 것은 스윙에 대한 집착이다. 클럽을 땅에 찍고 싶은 마음은 미스 샷에 대한 집착이다. 결국 골프가 즐겁지 않은 것은 무언가에 대한 집착이 있기 때문이다.

미스 샷이 두렵고 OB가 두려운 것은 이미 흔들린 마음이다. 겸손하지 못하고 말만 앞서는 것은 이미 산만해진 마음이다. 잘 안된 샷에 절망하는 것은 일상의 마음이 아니다. 반면 잘된 샷에 과히 기뻐하는 것도 일상의 마음의 아니다. 골퍼는 얻는 것과 잃는 것에 초연해야 한다. 모두 평상심을 유지하지 못한 마음이다.

골프는 찰나를 다루는 일이다. 샷의 성패는 순간에 판가름 난다. 이 일은 한 번으로 끝나지 않고 18홀 내내 반복되어야 한다. 마음에 일어나는 작은 바람에도 촛불은 꺼질 수 있다. 어둠 속으로 빠지지 않으려면 마음은 고요해야 하며, 평온해야 한다. 이것이 골퍼에게 필요한 평상심이다.

인생

평상심이란 일상의 마음이며, 감정 요동이 없는 상태를

일컫는다. 사람들은 어떤 상황을 중요하게 인식하면 그 상황을 해결하기 위한 특별한 마음을 가지며, 그 일의 성패에 따라 감정이 유발된다. 이는 자신도 모르게 무언가에 대해 집착하기 때문이다. 집착이 없었다면 마음이 특별해질 필요도 없고, 감정이 일어날 필요도 없다.

남들보다 더 예뻐지고 싶은 마음은 보이는 것에 대한 집착이다. 소유에 대한 욕심은 물질에 대한 집착이다. 손익에 대한 계산으로 머릿속이 복잡해지는 것은 돈에 대한 집착이다. 무기력한 마음은 자신을 비난하는 집착이다. 결국 삶이 즐겁지 않은 것은 무언가에 대한 집착이 있기 때문이다.

실수가 두렵고 실패가 두려운 것은 이미 흔들린 마음이다. 겸손하지 못하고 말만 앞서는 것은 이미 산만해진 마음이다. 실패에 절망하는 것은 일상의 마음이 아니다. 반면 성공에 과히 기뻐하는 것 역시 일상의 마음이 아니다. 마음이 흔들리지 않으려면 얻는 것과 잃는 것에 초연해야 한다. 모두 평상심을 유지하지 못한 마음이다.

인생은 순간을 다루는 일이다. 삶의 행복은 현재에

있다. 이 일은 오늘 하루로 끝나지 않고 죽을 때까지 반복되어야 한다. 마음에 일어나는 작은 물결에도 모래는 쓸려갈 수 있다. 깊은 수렁으로 빠지지 않으려면 마음은 고요해야 하며, 평온해야 한다. 이것이 곧 평상심이다.

009

욕심을 버려라

골프

욕심이란 불필요하게 탐을 내거나 이미 충분함에도 불구하고 더 취하고자 하는 마음이다. 골퍼들은 순간의 유혹에 빠져 자신도 모르게 욕심을 부리곤 한다. 어떤 골퍼는 욕심이 경기에 좋지 않다는 것을 안다. 왜냐하면 욕심에서 비롯된 뼈아픈 실수를 경험해봤기 때문이다. 하지만 문제는 대부분의 골퍼가 무엇이 욕심인지 아닌지를 구분하지 못한다는 점이다.

골프는 본래 공놀이이므로 즐거워야 한다. 하지만 게임이 끝난 후 즐거운 마음보다 불편한 마음이 더 크다면 그것은 무언가에 대한 욕심이 있었기 때문이다. 오직 즐거움만으로도 충분한 하루 골프에서 공연히 더 바라는 것이 있다면, 그것이 바로 골퍼의 욕심이다. 이 정도쯤이야 욕심이겠냐 싶어 안이하게 넘어가 보지만 어김없이 후회하는 일은 발생한다.

그렇다면 골퍼는 무엇에 욕심을 부리는가? 그것은 바로 버디이며 성적이다. 물론 좋은 스코어, 좋은 성적이 골프의 즐거움을 주기도 한다. 성적이 오르면 보람과 기쁨이 있고 연습의 의욕도 생겨난다. 하지만 성적이 좋지 않다고 해서 스트레스를 받는다면 그것은 골프 본연의 즐거움을 뒤로 하고 오직 결과에만 집착한 것이다.

자신의 골프에 욕심이 있었는지 돌아보자. 더 좋은 성적 때문에 완벽한 스윙을 원하는가? 욕심이다. 버디에 목말라 한번 내지르고 싶은가? 욕심이다. 퍼팅이 무조건 들어가야 한다고 생각하는가? 욕심이다. 남한테 지기 싫어 비거리에만 목매고 있는가? 욕심이다. 이미 적당히 즐길 수 있음에도 불구하고 좀 더 갖고자 하는 마음, 모두 욕심이다.

인생

욕심이란 불필요하게 탐을 내거나 이미 충분함에도 불구하고 더 취하고자 하는 마음이다. 사람들은 순간의 유혹에 빠져 자신도 모르게 욕심을 부리곤 한다. 어떤 사람은 욕심이 삶에 좋지 않다는 것을 안다. 왜냐하면 욕심에서 비롯된 쓰디쓴 실패를 경험해봤기 때문이다. 하지만 문제는 대부분의 사람이 무엇이 욕심인지 아닌지를 구분하지 못한다는 점이다.

삶은 본래 행복해야 한다. 하지만 일을 마친 후 행복한 마음보다 불편한 마음이 더 크다면 그것은 무언가에 대한 욕심이 있기 때문이다. 오직 작은 행복만으로도 충분한 오늘 삶에서 공연히 더 바라는 것이 있다면, 그것이 바로 욕심이다. 이 정도쯤이야 욕심이겠냐 싶어 안이하게 넘어가 보지만 어김없이 후회하는 일은 발생한다.

그렇다면 사람들은 무엇에 욕심을 부리는가? 그것은 바로 돈과 명예와 권력이다. 물론 그것들이 즐거움을 주기도 한다. 돈이 많으면 갖고 싶은 것을 마음대로 살 수 있고, 명예와 권력은 삶을 폼나게 해준다. 하지만 그것

오직 작은 행복만으로도 충분한 오늘 삶에서

공연히 더 바라는 것이 있다면,

그것이 바로 욕심이다.

을 갖지 못했다고 해서 스트레스를 받는다면 그것은 일상의 작은 행복을 뒤로 하고 오직 돈과 명예와 권력에만 집착한 것이다.

자기 삶에 욕심이 있었는지 돌아보자. 더 많은 돈 때문에 나쁜 행동임을 알면서도 하고 있는가? 욕심이다. 더 많은 명예를 얻고자 편법을 쓰는가? 욕심이다. 더 큰 권력이 탐나 사람들을 이용하는가? 욕심이다. 더 많은 소유욕구 때문에 거짓말을 하는가? 욕심이다. 이미 일상의 작은 행복만으로 충분한데도 좀 더 보태고 싶은 마음, 모두 욕심이다.

010

규칙을 준수하라

골프

골퍼들은 라운드 중 부정행위의 유혹을 받곤 한다. OB 가 나면 먼 산을 바라보며 다른 공을 슬쩍 내려놓고, 디 보트에 있는 공을 슬쩍 빼놓고 친다. 그린에서는 마크한 곳보다 앞에 공을 내려놓는다. 벙커에 빠진 공을 치기 좋 게 건드린다. 동반자에게 스코어를 속인다. 경우의 수는 많고도 많다. 한순간의 어리석음이 어떠한 부작용을 낳 는지 생각해 보자면 다음과 같다.

첫 번째로 부정행위는 골프에 대한 자신감을 점점 떨어뜨린다. 만약 자신감이 있는 골퍼라면 부정행위 따위는 하등의 필요가 없음을 느낄 것이다. 왜냐하면 주어진 조건이 어떻더라도 잘 해결할 수 있다는 믿음이 있고, 또한 실수가 나오더라도 여전히 회복할 수 있다는 믿음이 있기 때문이다. 이런 믿음은 언제나 정면 돌파를 시도하도록 만든다.

두 번째로 부정행위는 집중력을 떨어뜨린다. 도둑이 제 발 저리듯, 늘 동반자의 눈치를 보게 된다. 행동에서는 표시가 안 날 수도 있겠지만 마음만큼은 바쁘다. '혹시 봤을까?' 하는 불안 그리고 또 다른 부정행위에 대한 유혹. 골퍼는 이 사이에서 집중력을 잃는다.

세 번째로 부정행위는 농반자들과의 신뢰를 저버린다. 그깟 골프 한두 타가 뭐라고 그간 쌓아온 신뢰를 일순간에 날려버리는가. 이들의 어리석음은 동반자가 자신의 행위를 알지 못할 것이라고 착각한다는 점이다. 사실 동반자들은 애써 모른 척하는 중이다. 미련한 사람은 동반자의 사려 깊은 배려를 까마득히 모르고 있다. 그리고 머지않아 친구를 잃게 될 것이다. 부정행위는 소탐대실小貪大失의 전형이다.

인생

사람들은 살아가면서 간혹 범죄의 유혹을 받곤 한다. 다른 사람을 꾀어 사기를 치거나 돈을 빌리고 갚지 않는다. 좋은 물건이 탐나 훔치기도 한다. 문서를 조작하기도 하고, 허위 사실을 유포하기도 한다. 또 어떤 사람들은 도박으로 한탕을 노리고, 회삿돈을 횡령한다. 경우의 수는 많고 많다. 한순간의 어리석음이 어떠한 부작용을 낳는지 생각해 보자면 다음과 같다.

첫 번째로 범죄행위는 삶에 대한 자신감을 점점 떨어뜨린다. 만약 자신감이 있는 사람이라면 범죄행위 따위는 하등의 필요가 없음을 느낄 것이다. 왜냐하면 주어진 기회가 어떻더라도 잘할 수 있다는 믿음이 있고, 또한 실패하더라도 여전히 회복할 수 있다는 믿음이 있기 때문이다. 이런 믿음은 언제나 정면 돌파를 시도하도록 만든다.

두 번째로 범죄행위는 집중력을 떨어뜨린다. 도둑이 제 발 저리듯, 늘 주변 사람들의 눈치를 보게 된다. 행동에서는 표시가 안 날 수도 있겠지만 마음만큼은 바쁘다.

'혹시 알까?' 하는 불안 그리고 또 다른 범죄행위에 대한 유혹. 범죄자는 이 사이에서 집중력을 잃는다.

세 번째로 범죄행위는 주변 사람들과의 신뢰를 저버린다. 그깟 돈 몇 푼이 뭐라고 그간 쌓아온 신뢰를 일순간에 날려버리는가. 이들의 어리석음은 주변 사람들의 시선을 대수롭지 않게 생각한다는 점이다. 사실 사람들은 애써 모른 척하는 중이다. 미련한 사람은 사람들의 사려 깊은 배려를 까마득히 모르고 있다. 그리고 머지않아 친구들과 사람들을 전부 잃게 될 것이다. 범죄행위는 소탐대실의 전형이다.

011

캐디에게 의존하지 마라

골프

골퍼는 라운드할 때 캐디의 도움을 받는다. 하지만 간혹 캐디에게 과한 의존을 하는 경우가 있다. 가령 어떤 골퍼는 클럽 선택을 매번 물어본다. 또 어떤 골퍼는 샷을 할 때마다 어디를 보고 쳐야 하냐며 물어본다. 또 어떤 골퍼는 그린 주위에서조차 남은 거리를 물어본다. 또 어떤 골퍼는 그린 경사 파악을 전적으로 캐디에게 맡긴다.

이런 골퍼들은 스스로 해야 할 일이 무엇이고, 캐디가 해야 할 일이 무엇인지 구분하지 못한다. 그저 캐디의 판단을 따르는 것이 당연하다. 이는 마치 남의 손을 빌려 밥을 먹는 것과 같다. 우스꽝스러운 일이 아닐 수 없다. 경기에 관련한 모든 결정은 플레이어 자신이 해야 한다. 캐디의 의견은 어디까지나 내 결정을 위한 참고 사항일 뿐이다.

클럽 선택은 남은 거리와 전략, 스트로크 방식에 따라 골퍼 스스로 결정한다. 캐디는 오직 물리적인 거리 정보만 제공해 줄 뿐이다. 어디를 보고 치느냐의 문제는 자신이 선택한 공략에 따라 결정되어야 한다. 어프로치 샷의 거리 판단과 그린의 경사 파악은 골퍼 자신의 눈으로 직접 감지해야 한다. 스스로 판단할 때 감각을 보다 효과적으로 적용할 수 있기 때문이다.

캐디의 유래를 살펴보면 초창기 골퍼들은 골프에 관한 지식이 없는 아이들이나 일하는 사람들을 캐디로 고용했다. 이들에게 시켰던 일은 클럽 운반과 공 찾기, 잔심부름에 불과했다. 경기에 관련한 결정을 맡겼을 리 만무하다. 스스로 판단하고 실행할 때 골퍼의 멘탈은 성장한다. 쉽게 얻는 것은 쉽게 잃기 마련이다. 어렵게 얻은 것이어야 오래 남는 법이다.

인생

누구나 학생 때는 부모의 도움을 받는다. 하지만 간혹 어른이 되어도 부모에게 과하게 의존하는 사람들이 있다. 가령 어떤 어른은 어느 학교, 어느 전공으로 가야 하는지 부모에게 물어보고 결정한다. 또 어떤 어른은 졸업 후 회사를 선택할 때도 어디로 가야 할지 물어본다. 또 어떤 어른은 이성과 결혼하는 것조차 물어보고 결정한다. 또 어떤 어른은 결혼 후에도 여전히 부모에게 용돈을 받아 쓴다.

이런 사람들은 스스로 해야 할 일이 무엇이고, 부모가 해야 할 일이 무엇인지 구분하지 못한다. 그저 부모의 결정을 따르는 것이 당연하다. 이는 마치 남의 손을 빌려 밥을 먹는 것과 같다. 우스꽝스러운 일이 아닐 수 없다. 내 삶에 관련한 모든 일은 스스로 결정해야 한다. 부모의 의견은 어디까지나 내 결정을 위한 참고 사항일 뿐이다.

어느 대학, 어느 전공을 선택할지는 재능과 흥미에 따라 당사자가 직접 결정해야 한다. 부모는 오직 선택을 위한 정보만 제공해 줄 뿐이다. 어느 회사를 선택하느냐의 문제는 자신의 적성과 전공에 따라 결정하면 될 일이다. 어떤 이성과 결혼할지는 자신이 사랑하는 사람을 선택하면 된다. 자기 일을 스스로 결정할 때 비로소 행복한 삶을 만들 수 있다.

어른이 된다는 것은 부모로부터 완전한 독립을 의미한다. 그것은 물리적 독립, 정서적 독립, 경제적 독립을 포함한다. 그런 후 자신의 행동에 스스로가 책임지는 삶을 살 때 비로소 어른이 되었다고 할 수 있다. 부모에게 의존하여 쉽게 얻는 것은 쉽게 잃기 마련이다. 스스로 어렵게 얻은 것이어야 오래 남는 법이다.

012

변화에 주저하지 마라

골프

골퍼 중에는 구력이 꽤 되었어도 실력이 제자리걸음 하는 사람들이 있다. 100타를 깨보는 것이 소원이라는 골퍼도 있고, 90타를 넘어보는 것이 목표라고 이야기하는 골퍼도 있다. 또한 선수 중에는 연습을 아무리 해도 꾸준한 언더파를 기록하지 못하는 선수가 있다. 그들은 70대에서 80대 타수에 이르기까지 기복이 심한 플레이에서 벗어나지 못하며 괴로워한다.

이와 같은 발전 없는 골프에서 벗어나기 위한 첫 번째 방법은 레슨을 받는 것이다. 좋은 선생을 만나서 성실하게 훈련한다. 당장의 효과를 바라지 않고 꾸준히 배우다 보면 성장하는 날이 올 것이다. 두 번째는 꾸준한 연습이다. 아마도 이를 부정하는 사람은 없을 것이다. 하지만 연습도 열심히 하지 않으면서 실력향상을 바라는 골퍼들이 있다.

마지막으로 레슨을 받아도 안 되고, 꾸준한 연습을 해도 여전히 제자리걸음이라면 이제 답을 자기 자신에게서 찾아야 한다. 그것은 생각의 문제일 수도 있고, 관점의 문제일 수도 있고, 마음에 대한 문제일 수도 있다. 이러한 정신적인 문제는 하나의 고정관념처럼 자리 잡아 자신을 옥죄면서 변화를 거부하도록 만든다. 고정관념이 자기 발목을 잡고 있다는 사실, 알 리가 없다.

'나는 이렇게 배웠다', '나는 원래 이렇게 해왔다', '이것이 나의 스타일이다.' 이런 말로써 생각 바꾸기를 포기하고, 다른 관점을 거부한다면 여전히 고정관념 속에서 스스로를 해치는 골프에서 벗어날 수 없다. 지긋지긋한 제자리걸음 골프에서 벗어나고 싶다면 어떤 변화도 두려워하지 않아야 한다. 변화에 도전하라. 변화 속에 골

지긋지긋한 제자리걸음 하는 골프에서 벗어나고 싶다면
어떤 변화도 두려워하지 않아야 한다. 변화에 도전하라.
변화 속에 골프의 진실을 만날 수 있다.

프의 진실을 만날 수 있다.

인생

인생을 꽤 살았어도 여전히 삶이 제자리걸음인 사람들이 있다. 어엿한 직장에 취직해보는 것이 소원이라는 사람도 있고, 월세방에서 벗어나는 것이 목표라고 이야기하는 사람도 있다. 또한 자기 집이 있고 직업이 있더라도 삶이 더 나아지지 않는다며 신세 한탄을 일삼는 사람도 있다. 그들은 되는 일이 없다며 삶의 행복을 느끼지 못하고 괴로워한다.

이외 같은 빌전 없는 삶에서 벗어나기 위한 첫 번째 방법은 교육이다. 무엇을 하든 좋은 선생을 만나서 성실하게 교육받는다. 당장의 효과를 바라지 않고 꾸준한 교육을 받다 보면 좋은 날이 찾아올 것이다. 두 번째는 꾸준한 노력이다. 아마도 이 사실을 부정하는 사람은 없을 것이다. 하지만 노력도 하지 않으면서 삶이 나아지기를 바라는 사람들이 있다.

마지막으로 교육을 받아도 안 되고, 꾸준한 노력을

해도 여전히 제자리걸음이라면 이제 답을 자기 자신에게서 찾아야 한다. 그것은 생각의 문제일 수도 있고, 관점의 문제일 수도 있으며, 마음에 대한 문제일 수도 있다. 이러한 정신적인 문제는 하나의 고정관념처럼 자리 잡아 자신을 옥죄면서 변화를 거부하도록 만든다. 이러한 고정관념이 자신의 발목을 잡고 있다는 사실, 알 리가 없다.

'나는 이렇게 배웠다', '나는 원래 이렇게 살아왔다', '이것이 나의 스타일이다.' 이런 말로써 생각 바꾸기를 포기하고, 다른 관점을 거부한다면 여전히 고정관념 속에서 스스로를 해치는 삶에서 벗어날 수 없다. 지긋지긋한 제자리걸음 삶에서 벗어나고 싶다면 어떤 변화도 두려워하지 않아야 한다. 변화에 도전하라. 변화 속에 삶의 진실을 만날 수 있다.

013

모든 조건을 받아들여라

골프

라운드를 할 때 자신이 선택할 수 있는 조건이 있는가 하면 선택할 수 없는 조건들도 있다. 이 말은 자신이 선호하는 조건에서 플레이할 수도 있지만 그렇지 않은 경우도 있다는 뜻이다. 그 조건에는 코스의 형태, 코스의 관리상태, 그린 스피드, 날씨, 캐디, 핀 위치, 동반자의 플레이 속도 등이 있고, 선수라면 골프장, 동반자, 티오프 시간 등이 추가된다.

　어떤 골퍼는 페어웨이가 좁은 산악 지형의 골프장을 꺼리고, 바람 부는 날씨를 좋아하지 않는다. 또 어떤 골퍼는 새벽 라운드를 싫어하고, 코스 상태가 마음에 안 든다며 라운드 내내 투덜거린다. 그린 스피드가 빨라도 불만이고, 느려도 불만이다. 이처럼 주어지는 게임의 조건이 자신과 맞지 않는다고 해서 불평한다면 그것은 골프 멘탈에 구멍을 내는 것과 같다.

강한 멘탈을 가지고 있는 골퍼는 어떤 조건이든 상관하지 않는다. 상황이 어떻든, 언제 어디서든 자신에 대한 신뢰를 잃지 않으며, 여전히 잘할 수 있다고 생각한다. 그리고 언제나 도전하는 마음으로 새로운 환경을 즐긴다. 주어진 조건은 게임의 일부이며 자신이 극복해야 할 과정일 뿐이다.

시합을 뛰는 선수라면 더더욱 그렇다. 선수는 하나부터 열까지 주어진 조건을 모두 따라야만 한다. 선택의 여지가 없다. 굳이 꺼리는 조건을 만들어 자신의 약점을 만들 필요가 없다. 어차피 모든 조건은 누구에게나 똑같이 적용된다. 아무리 안 좋은 조건이라도 긍정적인 마음과 함께 수용하는 마음을 가지면 다른 선수들보다 유리한 고지에 놓이게 된다.

인생

인생을 살면서 선택할 수 있는 조건이 있는가 하면 선택할 수 없는 조건들도 있다. 이 말은 자신이 선호하는 조건에서 살아갈 수도 있지만, 그렇지 않은 경우도 있다는 이야기다. 자신이 선택할 수 없는 조건에는 국가, 부모, 가정환경, 성별, 신체조건, 외모, 성격 등이 있다.

어떤 사람은 부족한 것이 많은 가정환경이 불만이고, 도시에서 태어난 것이 불만이다. 혹은 시골에서 태어난 것이 불만이고, 심지어는 대한민국에서 태어난 것도 불만이다. 키가 작아도 불만이고, 커도 불만이다. 이처럼 주어지는 삶의 조건이 사신과 맞지 않는다고 해서 불평한다면 그것은 자기 멘탈에 구멍을 내는 것과 같다.

건강한 정신을 가지고 있는 사람들은 어떤 조건이든 상관하지 않는다. 상황이 어떻든, 언제 어디서든 자신에 대한 신뢰를 잃지 않으며, 여전히 잘 살아갈 수 있다고 생각한다. 그리고 언제나 도전하는 마음으로 새로운 환경을 즐긴다. 주어진 조건은 삶의 일부이며 자신이 극복해야 할 과정일 뿐이다.

행복한 삶을 살고자 하는 사람이라면 더더욱 그렇다. 행복하기 위해서는 자신에게 주어진 조건을 모두 받아들여야 한다. 선택의 여지가 없다. 굳이 꺼리는 마음을 만들어 부정적 사고를 키울 필요가 없다. 자신에게 주어진 조건이 모두 만족스러울 수는 없다. 아무리 안 좋은 조건이라도 긍정적인 마음과 함께 수용하는 마음을 가지면 다른 사람들보다 유리한 고지에 놓이게 된다.

014

완벽을 추구하지 마라

골프

어떤 선수는 공이 똑바로 날아가지 않으면 샷 연습을 끝내지 못한다. 또 어떤 선수는 공이 홀에 들어가지 않으면 퍼팅 그린을 떠나지 못한다. 또 다른 선수는 어떤 동작이 불만스러워 찜찜한 마음을 떨치지 못한다. 이들은 자신의 골프에 대해 조금의 흠집도 용납하지 않는다. 이러한 마음은 불안에서 비롯된 완벽주의이자 일종의 강박증세이다.

완벽함을 추구하는 골퍼의 잘못된 생각을 들여다보자면 첫째, 완벽 추구가 자신의 실력향상을 위해 열심히 노력하는 것이라고 생각한다. 또는 문제점을 찾는 것이 좋은 노력이라고 생각한다. 하지만 골프에서 완벽함이란 결코 존재할 수 없다. 불가능한 목표는 자신을 부정적으로 바라보는 관점에서 벗어날 수 없도록 만든다.

둘째, 완벽주의 성향은 '완벽에 도달하지 못하더라도 완벽에 가깝게 가지 않겠느냐'는 논리를 갖는다. 하지만 이들은 단 한 번의 실수에도 '완벽에 가깝다'라고 생각하지 못하고, 여전히 완벽하지 못한 자신의 골프를 불만스럽게 여긴다.

결국 완벽 추구는 자신의 재능을 무시하는 심리를 바탕에 깔고 '난 골프에 소질 없다', '난 골프에 적성이 맞지 않다'라는 생각을 하게 만든다. 그러면 자신의 골프에 실망하기 쉽고, 미스 샷을 할 때마다 자책하게 된다. 완벽주의 성향에서 벗어나기 위해서는 우선 자신에게 관대한 태도로써 자신을 긍정적으로 보는 시각을 키워야 한다.

인생

어떤 사람은 오늘 일이 깔끔하게 마무리되지 않으면 퇴

근하지 못한다. 또 어떤 사람은 실수한 일을 잊지 못하고 괴로워한다. 또 다른 사람은 자신의 어떤 조건이 불만스러워 자책하는 마음을 떨치지 못한다. 이들은 자신에 대해 조금의 흠집도 용납하지 못한다. 이러한 마음은 불안에서 비롯된 완벽주의이자 일종의 강박증세이다.

완벽함을 추구하는 사람들의 잘못된 생각을 들여다보자면 첫째, 완벽 추구가 자기계발을 위해 열심히 노력하는 것이라고 생각한다. 또는 문제점을 찾는 것이 좋은 노력이라고 생각한다. 하지만 인생에서 완벽함이란 결코 존재할 수 없다. 불가능한 목표는 자신을 부정적으로 바라보는 관점에서 빗어날 수 없도록 만든다.

둘째, 완벽주의 성향은 '완벽에 도달하지 못하더라도 완벽에 가깝게 가지 않겠느냐'는 논리를 갖도록 만든다. 하지만 이들은 단 한 번의 실수에도 '완벽에 가깝다'라고 생각하지 못하고, 여전히 완벽하지 못한 자신을 불만스럽게 여긴다.

결국 완벽 추구는 자신의 재능을 무시하는 심리를 바탕에 깔고 '난 되는 일이 없다', '난 잘하는 것 하나 없다'라는 생각을 하게 만든다. 그러면 자신에게 실망하기 쉽고 실패할 때마다 자책하게 된다. 완벽주의 성향에서 벗어나기 위해서는 우선 자신에게 관대한 태도로써 자신을 긍정적으로 보는 시각을 키워야 한다.

015

미스 샷은 잊고,
좋은 샷만 기억하라

골프

골프를 하다 보면 좋은 샷도 나오고 미스 샷도 나오기 마련이다. 그런데 골퍼는 유독 미스 샷에 대한 기억을 더 간직하려는 경향이 있다. 한참 전의 실수가 아직도 후회스럽고, 어처구니없이 점수를 잃은 속상함이 여전히 남아있다. 또한 그 실수만 아니었다면 몇 타를 칠 수 있었느니 따져보기도 한다. 감정과 함께한 부정적 기억은 더 오래간다.

패스의 달인으로 불렸던 미식축구 선수 오토 그레이엄은 "패스를 잘하기 위해 꼭 필요한 자질이 무엇입니까?"라는 질문에 "아주 짧은 기억력이요. 좀 전에 실수했던 패스를 순간적으로 잊는 능력이 필요합니다"라고 대답했다. 그는 신체적인 능력보다 정신적인 능력을 강조했다. 골프의 전설 잭 니클라우스는 자신의 쓰리 퍼팅에 관한 질문에 "난 그런 적이 없다"라고 잡아뗐다.

미스 샷 후, 왜 그런 샷을 쳤는지 분석하는 골퍼의 모습은 바람직해 보인다. 그들은 언제나 스윙에서 잘못된 점을 찾아내야 한다는 생각에 사로잡혀 자신의 실수에 관대하지 못하다. 하지만 이런 태도로는 자신의 재능을 온전히 발휘하지 못한다. 왜냐하면 실패를 방지하려는 마음보다는 자신이 원하는 샷만 생각하는 마음일 때 성공 확률이 더 높기 때문이다.

반면 좋았던 샷만을 기억하려는 노력은 실패에 대한 기억을 최소화함으로써 미스 샷의 두려움에서 벗어나도록 만든다. 또한 좋은 샷에 대한 감각을 강화하면서 여전히 좋은 샷을 칠 수 있다는 자신감을 유지시켜 준다. 좋은 샷을 기억하느냐 나쁜 샷을 기억하느냐는 골퍼의 선택이다. 굳이 나쁜 샷을 더 기억할 필요가 있겠는가?

인생

인생을 살아가다 보면 성공하는 일도 있고 실패하는 일도 있기 마련이다. 그런데 사람들은 유독 실패에 대한 기억을 더 간직하려는 경향이 있다. 한참 전의 사업 실패가 아직도 후회스럽고, 어처구니없이 사기를 당한 속상함이 여전히 남아있다. 또한 그 실패만 아니었다면 지금쯤은 얼마나 잘 살 수 있었는지 따져보기도 한다. 감정과 함께한 부정적 기억은 더 오래간다.

노벨의학상을 수상한 미국의 생화학자 허버트 개서는 "실수를 잊어라. 하지만 그것이 준 교훈을 잊으면 안 된다"라는 말을 남겼다. 1천 건이 넘는 특허를 등록한 미국의 발명왕 토머스 에디슨은 무수한 실패에 대한 질문에 "나는 실패한 적이 없다. 나는 작동이 안 되는 1만 가지 방법을 찾았을 뿐이다"라고 답했다.

실패 후, 왜 그런 실패를 했는지 분석하는 사람들의 모습은 바람직해 보인다. 그들은 언제나 자신에게서 부족한 점을 찾아내야 한다는 생각에 사로잡혀 자신의 실수에 대해 관대하지 못하다. 하지만 이런 태도로는 자신의 잠재력을 온전히 끌어내지 못한다. 왜냐하면 실패를 방지하려는 마음보다는 할 수 있다는 믿음으로 도전할 때 성공 확률이 더 높아지기 때문이다.

반면 성공한 일만 기억하려는 노력은 실패에 대한 기억을 최소화함으로써 두려움에서 벗어나도록 만든다. 또한 잠재력을 더욱 키워주면서 여전히 성공에 대한 자신감을 유지시켜 준다. 성공한 일을 기억하느냐 실패한 일을 기억하느냐는 자신의 선택이다. 굳이 실패한 일을 더 기억할 필요가 있겠는가?

좋았던 샷만을 기억하려는 노력은 실패에 대한 기억을
최소화함으로써 미스 샷의 두려움에서 벗어나도록 만든다.
또한 좋은 샷에 대한 감각을 강화하면서
여전히 좋은 샷을 칠 수 있다는 자신감을 유지시켜 준다.

016

자신감 있는 골퍼와 대화하라

골프

골퍼 주위에는 다양한 사람들이 존재한다. 자신감 있는 골퍼도 있지만 그렇지 않은 골퍼도 있다. 만약 자신감에 대해서 알고 싶다면 자신감 있는 골퍼와 더 많은 대화를 시도해보라. 대화를 통해 새로운 골프를 접할 수도 있고, 자신감에 관련한 자신의 생각을 점검해볼 수도 있다. 자신감 있는 골퍼들은 긍정적인 대화를 이끌면서 상대에게 좋은 자극을 주기도 한다.

만약 자신감이 없는 골퍼라면 자신감 있는 골퍼들의 사고방식이 낯설지도 모른다. 왜냐하면 진짜 자신감을 경험해보지 못했기 때문이다. 어쩌면 자신감 있는 골퍼들의 생각을 엿보면서 '나와 맞지 않는다', '내 방식이 아니다', '나는 그런 성격이 아니다'라고 애써 피할지도 모른다.

반면 자신감 없는 골퍼끼리 대화한다면 서로 공감하는 부분이 많다고 느낄 것이다. 그들은 하소연하기를 좋아하고 불평, 불만이 많으며 자책하는 말을 자주 한다. 어쩌면 그들은 서로의 말에 맞장구치면서 대화가 잘 통한다고 생각할지도 모른다. 그들의 대화는 서로에게 위로는 될 수 있어도 도움이 될 만한 좋은 자극은 되지 못한다.

유유상종類類相從이라는 말이 있다. 비슷한 생각, 비슷한 성품을 가진 사람들끼리 사귄다는 뜻이다. 나의 주변에는 어떤 유형의 사람들이 더 많은지 살펴보라. 부정적이고 자신감 없는 사람이 많다면 나 역시 그럴 가능성이 크다. 반대로 긍정적이고 자신감 있는 사람들이 많다면 나 역시 그럴 가능성이 크다. 그러니 자신의 주변을 자신감 있는 사람들로 채워보자.

인생

우리 주변에는 다양한 사람들이 존재한다. 자신감 있는 사람도 있지만 그렇지 않은 사람도 있다. 만약 자신감에 대해서 알고 싶다면 자신감 있는 사람들과 더 많은 대화를 시도해보라. 대화를 통해 새로운 인생을 접할 수도 있고, 자신감에 관련한 생각을 점검해볼 수도 있다. 자신감 있는 사람들은 긍정적인 대화를 이끌면서 상대에게 좋은 자극을 주기도 한다.

만약 자신감이 없는 사람이라면 자신감 있는 사람들의 사고방식이 낯설지도 모른다. 왜냐하면 진짜 자신감을 경험해보지 못했기 때문이다. 어쩌면 자신감 있는 사람들의 생각을 엿보면서 '나와 맞지 않는다', '내 방식이 아니다', '나는 그런 성격이 아니다'라고 애써 피할지도 모른다.

반면 자신감 없는 사람들끼리 대화한다면 서로 공감하는 부분이 많다고 느낄 것이다. 그들은 하소연하기를 좋아하고 불평, 불만이 많으며 자책하는 말을 자주 한다. 어쩌면 그들은 서로의 말에 맞장구치면서 대화가 잘 통한다고 생각할지도 모른다. 그들의 대화는 서로에게 위로는 될 수 있어도 도움이 될 만한 좋은 자극은 되지 못한다.

유유상종이라는 말이 있다. 비슷한 생각, 비슷한 성품을 가진 사람들끼리 사귄다는 뜻이다. 나의 주변에는 어떤 유형의 사람들이 더 많은지 살펴보라. 부정적이고 자신감 없는 사람이 많다면 나 역시 그럴 가능성이 크다. 반대로 긍정적이고 자신감 있는 사람들이 많다면 나 역시 그럴 가능성이 크다. 그러니 자신의 주변을 자신감 있는 사람들로 채워보자.

017

즉각적인 결과를 기대하지 마라

골프

골퍼들은 보통 지도자한테 레슨을 받고 나면 당장 실력이 향상되는 줄 안다. 혹은 연습만 많이 하면 그만큼의 보상이 당연하게 따라와야 한다고 생각한다. 물론 입문자의 경우에는 레슨과 연습이 빠른 성장을 돕는다. 하지만 골프를 수년간 쳐왔음에도 실력이 정체된 골퍼들은 레슨과 연습으로는 자신의 골프가 좀처럼 바뀌지 않음을 경험한다.

그럼에도 불구하고 보통의 골퍼들은 여전히 레슨과 연습에 대해 빠른 기대를 한다. 하지만 기대만큼이나 많은 부작용이 함께 따라온다. 첫 번째로 기대에 못 미쳤을 때는 골프에 대한 흥미를 잃는다. 노력한 만큼의 보상이 없으니 의욕을 잃을 수밖에 없다. 두 번째로 골프가 어렵다고 불만을 품는다. 잘못된 방식의 골프인 줄 까마득히 모르고 있기 때문이다.

세 번째로 지도자를 수시로 바꾼다. 효과가 빠르게 나타나지 않는 것을 선생 탓으로 돌리기 때문이다. 네 번째로 자신의 재능을 깎아내린다. 이렇게 해도 안 되고, 저렇게 해도 안 되니 결국 자신의 재능에 문제가 있다고 생각한다. 이 역시 자신감을 떨어뜨리면서 의욕을 상실시킨다.

골프의 진정한 실력향상은 노력에 대한 즉각적인 결과로써 만들어지지 않는다. 그것은 시간을 두고 꾸준히 노력해야 얻어진다. 골프에 필요한 감각은 시간의 흐름 속에서 수많은 시행착오 끝에 완성된다. 더군다나 실력이 정체된 골퍼는 기술과 마음에 대한 문제가 여러 가지로 얽혀 있기 때문에 더 많은 시간이 필요하다.

인생

어떤 부모들은 자녀를 학원에 보내고 나면 성적이 당장에 향상되는 줄 안다. 혹은 책상에만 오래 앉아 있으면 그만큼의 보상이 당연하게 따라오는 줄 안다. 물론 성적이 안 좋은 학생의 경우에는 과외 교육이 빠른 성장을 도울 것이다. 하지만 오랜 시간 학원을 다녔음에도 성적이 정체된 학생들은 과외 교육만으로는 자신의 공부가 좀처럼 바뀌지 않음을 경험한다.

그럼에도 불구하고 보통의 부모들은 여전히 과외 교육에 기대를 한다. 하지만 기대만큼이나 많은 부작용이 함께 따라온다. 첫 번째로 공부에 대한 흥미를 잃는다. 노력한 만큼의 보상이 없으니 의욕을 잃을 수밖에 없다. 두 번째로 공부가 어렵다고 이야기한다. 방식을 잘 몰라서 효율적으로 공부를 못하기 때문이다.

세 번째로 학원 혹은 과외 선생을 수시로 바꾼다. 효과가 빠르게 나타나지 않는 것을 선생 탓으로 돌리기 때문이다. 네 번째로 자신의 재능을 스스로 깎아내린다. 이렇게 해도 안 되고, 저렇게 해도 안 되니 결국 자신의 머리를 탓한다. 이 역시 자신감을 떨어뜨리면서 의욕을 상실시킨다.

성적 향상은 노력에 대한 즉각적인 결과로써 만들어지지 않는다. 그것은 시간을 두고 꾸준히 노력해야 얻어진다. 공부에 필요한 머리는 시간의 흐름 속에서 많은 노력 끝에 개발된다. 더군다나 성적이 정체된 학생들은 부모와의 관계, 마음의 문제 등 여러 가지로 얽혀 있기 때문에 더 많은 시간이 필요하다.

018

골프의 모순을 극복하라

골프

경기에서 우승한 대부분의 선수는 '욕심을 내려놨더니', '마음을 비웠더니'라는 말과 함께 우승 소감을 밝힌다. 그들의 소망은 분명 우승이었을 텐데, 아이러니하게도 그런 마음을 버리니까 우승한 것이다. 골프에는 수많은 모순이 존재한다. 어쩌면 골프를 잘한다는 것은 그 많은 모순을 이해하는 과정일지도 모른다. 다음의 모순을 이해해보라.

골프는 배움이 필요하나 집착해서는 안 된다. 골프에 필요한 감각은 배운다고 터득되는 것이 아니기 때문이다. 골프는 연습이 필요하나 집착해서는 안 된다. 잘못된 연습은 오히려 불안감만 키우기 때문이다. 골프는 정확성이 필요하나 집착해서는 안 된다. 정확성에 대한 노력은 의식적인 뇌만 쓰도록 하기 때문이다.

골프는 좋은 스윙이 필요하나 집착해서는 안 된다. 스윙에 대한 집착은 타깃 집중을 못 하도록 만들기 때문이다. 골프는 긴 비거리가 필요하나 집착해서는 안 된다. 비거리만 늘리려는 노력은 게임의 본질에서 멀어지도록 하기 때문이다. 골프는 힘이 필요하나 집착해서는 안 된다. 힘만 쓰다간 정확도만 떨어뜨리기 때문이다.

골프는 좋은 점수가 필요하나 집착해서는 안 된다. 점수에 대한 집착은 마음만 조급하게 만들기 때문이다. 골프는 버디가 필요하나 집착해서는 안 된다. 버디만 생각하는 플레이는 무모한 공략만 일삼게 되기 때문이다. 골프는 노력이 필요하나 집착해서는 안 된다. 노력에 대한 집착은 마음의 상처를 주기도 하고 휴식과 취미생활에 대한 죄책감을 만들기 때문이다.

인생

마음이 행복한 사람들은 '욕심을 내려놨더니', '마음을 비웠더니'라는 말과 함께 자신의 삶의 철학을 밝힌다. 그들의 소망은 분명 잘 먹고 잘사는 것이었을 텐데, 아이러니하게도 그런 마음을 버리니까 행복하다는 것이다. 이 밖에도 인생에는 수많은 모순이 존재한다. 어쩌면 잘 살아간다는 것은 그 많은 모순을 이해하는 과정일지도 모른다. 다음의 모순을 이해해보라.

인생에는 배움이 필요하나 집착해서는 안 된다. 인생에 필요한 지혜는 배운다고 터득되는 것이 아니기 때문이다. 인생에는 좋은 인간관계가 필요하나 집착해서는 안 된다. 잘못된 인간관계는 오히려 상처만 받을 수 있기 때문이다. 인생에는 정확한 계산이 필요하나 집착해서는 안 된다. 정확성에 대한 노력은 손익만 따지는 인간성을 만들기 때문이다.

인생에는 좋은 직업이 필요하나 집착해서는 안 된다. 좋은 직업에 대한 집착은 적성에 맞지 않는 직업을 선택하도록 만들기 때문이다. 인생에는 미래에 대한 꿈이 필요하나 집착해서는 안 된다. 미래를 위한 노력은 오늘의 행복에서 멀어질 수 있기 때문이다. 인생에는 다른 사람의 도움이 필요하나 집착해서는 안 된다. 도움만 바라다간 자립심만 떨어지기 때문이다.

인생에는 돈이 필요하나 집착해서는 안 된다. 돈에 대한 집착은 손가락질 받는 사람이 되게 하기 때문이다. 인생에는 투자가 필요하나 집착해서는 안 된다. 투자만 생각하다간 불필요한 손실이 많아지기 때문이다. 인생에도 노력이 필요하나 집착해서는 안 된다. 노력에 대한 집착은 휴식 없이 마음만 지치고 삶의 흥미를 잃도록 만들기 때문이다.

경기에서 우승한 대부분의 선수는 '욕심을 내려놨더니',
'마음을 비웠더니'라는 말과 함께 우승 소감을 밝힌다.
그들의 소망은 분명 우승이었을 텐데, 아이러니하게도
그런 마음을 버리니까 우승한 것이다. 골프에는 수많은 모순이 존재한다.
어쩌면 골프를 잘한다는 것은 그 많은 모순을 이해하는 과정일지도 모른다.

019

자신의 게임에 당당하라

골프

멘탈이 약한 골퍼들은 실력 발휘가 잘 안된 경기를 하면 '이것밖에 못하나!', '역시 나는 안 돼'라며 자책하고, 때로는 '이런 바보가 또 쓰리퍼트를 했어!' 하며 자신을 비난하고 화를 낸다. 또는 골프에 재능이 없다면서 의기소침하고, 남 보기가 창피하다며 다른 사람들의 시선을 의식한다.

이와 같은 부정적인 마음은 여러 면에서 이롭지 않다. 자신감을 가질 수도 없을뿐더러 연습에 대한 집중력도 약해진다. 골프에 대한 스트레스만 커지고 의욕은 점점 떨어진다. 골프 실력을 향상할 수 없는 마음의 구조이다. 전면적인 마음의 변화 없이 이대로 있다간 골프를 그만두고 싶은 마음만 커진다.

걸음마를 이제 시작한 아기는 며칠 동안 넘어지기를 반복한다. 넘어질 때마다 한 걸음, 두 걸음을 뗄 수 있다는 용기를 가질 뿐 자책과 좌절 따위는 없다. 이때 넘어짐은 세 걸음, 네 걸음을 위한 중요한 정보일 뿐 가치평가의 대상이 아니다. 골프 역시 처음부터 잘할 수 없다. 골프는 입문과 동시에 수많은 미스 샷으로부터 출발하여그 횟수를 줄여나가는 경기이다.

반복적으로 나오는 미스 샷은 골퍼에게 가르침을주기 위한 하나의 신호이다. 그러므로 깨달음으로 그 신호를 알아차려야 한다. 미스 샷은 발전을 위한 중요한 정보일 뿐, 가치 평가의 대상이 아니다. 경기가 잘 안된 것은 죄가 아니고 손가락질받을 일도 아니다. 언제나 당당한 마음을 유지할 수 있다면 골프 실력은 더욱 빠르게 향상될 것이다.

인생

멘탈이 약한 사람들은 실력 발휘가 잘 안된 일에 '이것밖에 못하나!', '역시 나는 안 돼'라며 자책하기도 하고, 때로는 '이런 바보가 또 망했어!' 하며 자신을 비난하고 화를 낸다. 또는 자신이 하는 일에 재능이 없다면서 의기소침하고, 남 보기가 창피하다며 다른 사람들의 시선을 의식한다.

이와 같은 부정적인 마음은 여러 면에서 이롭지 않다. 자신감을 가질 수도 없을뿐더러 일에 대한 집중력도 약해진다. 스트레스만 커지고 의욕은 점점 떨어진다. 일의 효율이 높아질 수 없는 마음의 구조이다. 전면적인 마음의 변화 없이 이대로 있다간 하고 있는 일을 그만두고 싶은 마음만 커진다.

젓가락질을 이제 배우기 시작한 어린아이는 한동안 실수를 반복한다. 실수할 때마다 다시 도전하려는 의지를 다질 뿐 자책과 좌절 따위는 없다. 이때 실수는 능숙한 동작을 만들기 위한 중요한 정보일 뿐 가치 평가의 대상이 아니다. 어떤 일이든 처음부터 잘할 수 없다. 시작할 때는 수많은 실수로부터 출발하여, 이후에는 그 횟수를 줄여나가는 과정이다.

반복적으로 나오는 실수는 배움을 위한 하나의 신호이다. 그러므로 깨달음으로 그 신호를 알아차려야 한다. 실수는 발전을 위한 중요한 정보일 뿐, 가치 평가의 대상이 아니다. 실수는 죄가 아니고 손가락질받을 일도 아니다. 언제나 당당한 마음을 유지할 수 있다면 일에 대한 능력은 더욱 빠르게 향상될 것이다.

020

분노를 다스려라

골프

라운드를 하다 보면 골퍼들은 예기치 않은 상황에 마음이 흔들린다. 생각지도 않은 OB, 쇼트 퍼팅 실수, 생크, 뒤땅치기, 톱핑 등등. 골퍼는 각종 미스 샷에 좌절하고 분노한다. 어떤 골퍼는 클럽으로 땅을 찍기도 하고, 소리 지르면서 욕을 해댄다. 또 어떤 골퍼는 남을 탓하기도 하고, 또 어떤 골퍼는 침묵하기도 한다. 분노의 유형도 가지가지이다.

이렇게 분노를 일으키는 데는 이유가 있게 마련이다. 연습을 많이 했고 열심히 노력했지만 여전히 똑같은 실수를 반복하고 쉬운 상황에서 나오는 실수가 어이없다. 중요한 상황에서 실수하는 자신을 당최 받아들일 수 없다.

하지만 이러한 감정의 요동이 게임에 좋을 리 없다. 분노는 마음의 조급함을 유발해 게임을 어렵게 만든다. 이미 세웠던 전략을 고수하지 못하고 무모한 공략을 일삼는다. 또한 감정대로 클럽을 휘두르면서 의미 없이 세게 치려고만 한다. 급기야 험악한 분위기를 만들어 동반자에게까지 피해를 주기도 한다.

분노는 자신에 대한 책망이다. 자신을 책망하기 시작하면 부정적인 생각으로 머리가 복잡해진다. 부정적인 생각은 자기 기술을 의심하게 만든다. 의심은 또 다른 실수를 유발하면서 또 다른 분노를 자아내 결국 악순환에 빠진다. 분노는 골퍼에게 유리하게 작용하는 점이 하나도 없다. 분노를 다스려야 한다.

인생

인생을 살아가다 보면 사람들은 예기치 않은 상황에 마

음이 흔들린다. 생각지도 않은 실직, 승진 실패, 사업 실패, 불합격, 실연 등등. 사람들은 각종 실패에 좌절하고 분노한다. 어떤 사람들은 술독에 빠지기도 하고, 일탈 행동을 하기도 한다. 또 어떤 사람들은 남을 탓하기도 하고, 또 어떤 사람들은 두문불출한다. 분노의 유형도 가지가지이다.

이렇게 분노를 일으키는 데에는 이유가 있게 마련이다. 성실하게 일했고 열심히 노력했지만 여전히 발생하는 실패가 억울하다. 똑같은 실패를 반복하고 쉬운 일 처리에 대한 실수가 어이없다. 중요한 상황에서 실수하는 자신을 당최 받아들일 수 없다.

하지만 이러한 감정의 요동이 삶에 좋을 리 없다. 분노는 마음의 조급함을 유발해 삶을 어렵게 만든다. 이미 세웠던 인생 계획을 고수하지 못하고 무모한 마음을 갖기 시작한다. 또한 감정대로 행동하기 시작하고 의미 없는 허풍만 늘어놓기도 한다. 급기야 험악한 분위기를 만들어 옆에 있는 사람도 두렵게 만든다.

분노는 자신에 대한 책망이다. 자신을 책망하기 시

작하면 부정적인 생각으로 머리가 복잡해진다. 그런 부정적인 생각은 자기 능력을 의심하게 한다. 의심은 또 다른 실패를 유발하면서 또 다른 분노를 자아내 결국 악순환에 빠진다. 분노는 자신에게 유리하게 작용되는 점이 하나도 없다. 분노를 다스려야 한다.

2

타깃 게임과 감각

PERFECT MENTAL

골프의 본질은 타깃 게임에 있다.

타깃 게임을 이해하는 것이 골프 멘탈의 시작이다.

골퍼의 감각은 타깃 게임에서 나온다.

021

타깃을 바로 느껴라

골프는 타깃 게임이다. 선택한 타깃으로 공을 얼마나 정확하게 보내느냐, 이것이 관건이다. 사격, 양궁, 다트 역시 타깃 게임으로서 본질적으로 골프와 같은 수행을 필요로 한다. 그것은 정확한 몸의 정렬, 일관성 있는 조준, 타깃에 대한 집중을 뜻한다. 골퍼들은 이를 위해 각자의 방법을 고안해낸다.

어떤 골퍼는 공 앞에 타깃으로 향하는 돌멩이나 색깔이 다른 풀을 지정한 후, 그 방향에 따라 평행하게 스탠스를 취한다. 또 어떤 골퍼는 클럽페이스를 타깃 방향과 맞춘 후 그에 따라 스탠스를 취한다. 아마추어 골퍼

중에는 타깃 방향의 반대쪽 즉, 공 뒤쪽으로 클럽 헤드를 놓아둔 채 어드레스를 취하기도 한다.

방법이야 어떻든 스스로 정확하다고 여기는 조준법이며, 이 방법들은 수행상 약간의 차이는 있지만 기계적인 장치를 이용한 방법이라는 공통점이 있다. 여기서 '기계적 장치'라 함은 정작 중요한 느낌, 혹은 감각이 빠진 채 단지 눈에 보이는 형태적인 정확도에만 매몰된 방식을 의미한다. 마치 아무런 감정 없이 '안녕하세요. 감사합니다'를 반복하는 마네킹 인사와 같다.

그렇다면 느낌과 감각을 사용한 조준이란 무엇인가? 그것은 몸이 타깃을 바로 감지하는 방법이다. 공 뒤에 서서 타깃을 정한 후, 눈이 타깃을 향한 채 스탠스를 취한다. 이때 타깃, 나, 공이 이루는 공간적 배치를 느껴본다. 이 방법을 처음 시도할 때는 부정확하다는 느낌이 들 수도 있다. 하지만 시간을 두고 꾸준히 반복하면 정확성과 일관성을 담보한 나만의 조준 감각이 만들어진다.

022

마음에서 피니시 동작을 지워라

골퍼들은 스윙을 세부적으로 구분한 후 국면별로 용어를 사용하는 것에 익숙하다. 가령 어드레스, 테이크 백, 하프 스윙, 탑 스윙, 다운 스윙, 임팩트, 팔로우 스로우, 피니시 등이 그렇다. 이러한 용어는 지식 전달의 편의성을 주기도 하지만, 골퍼로 하여금 마치 판박이처럼 항상 똑같은 동작을 만들어야 한다는 강박을 주입하기도 한다.

그중에서도 대표적으로 피니시 동작에서 그 현상을 확인할 수 있다. 지도자로부터 피니시 자세를 위해 팔과 손목의 동작, 클럽과 머리의 위치, 하체의 모양 등을 배울 수 있지만, 자칫 과몰입하다 보면 스윙에서 더 중요한 과정을 놓치게 된다.

여기서 '더 중요한 과정'이라 함은 클럽을 다루는 감각과 느낌을 말한다. 그것은 공을 맞추는 일, 헤드 스피드를 조절하는 일, 클럽을 휘두르는 일, 템포와 리듬에 집중하는 일이다. 피니시 자세는 이와 같은 과정에 대한 결과일 뿐이다. 사실 피니시 자세뿐만 아니라 스윙에서의 모든 동작은 감각과 느낌의 산물이어야 한다. 이것은 마치 한 샷 한 샷의 과정에 집중할 때 비로소 좋은 성적을 얻을 수 있다는 마음 비움의 논리와 일치한다.

과정에 집중한 스윙은 마치 로봇처럼 계획적인 동작을 하는 것이 아니기 때문에 피니시 자세가 일정치 않다. 프로 선수들의 경기 모습을 보면 때로는 허리높이에서, 때로는 어깨높이에서 스윙이 끝난다. 때로는 완전한 피니시 자세가 나오기도 한다. 이렇듯 자신도 알 수 없는 즉흥적인 피니시 동작이 나올 때 비로소 본능적, 반응적, 무의식적인 골프가 완성된다.

피니시 자세뿐만 아니라 스윙에서의 모든 동작은
감각과 느낌의 산물이어야 한다. 이것은 마치 한 샷 한 샷의
과정에 집중할 때 비로소 좋은 성적을 얻을 수 있다는
마음 비움의 논리와 일치한다.

023

4단계 멘탈 루틴을 따르라

'프리 샷 루틴pre-shot routine'이란 골퍼들이 샷 하기 전에 반복적·규칙적으로 수행하는 일련의 과정을 말한다. 루틴의 과정은 관점에 따라 행동적 측면과 정신적 측면으로 나뉘는데, 골퍼들은 행동적인 측면에만 집중하는 경향이 있다. 하지만 골퍼가 반드시 알아야 할 것은 정신적인 측면에 의해 행동적인 측면이 따라온다는 사실이다.

그렇다면 골퍼에게 필요한 정신적인 루틴은 무엇인가? 그것은 긍정 암시-상상-반응-수용의 4단계 과정이다. 첫 번째인 긍정 암시는 '실수할 것 같다', '퍼팅이 빠질 것 같다'와 같은 부정적 생각에 맞서 '나는 자신감이 넘친다', '나는 해낼 수 있다'와 같은 긍정적인 생각을 하는 것이다. 긍정적인 마음은 자기 감각에 더욱 집중하도록 만든다.

두 번째, 상상의 단계에서는 내가 원하는 샷을 마음속에 그려본다. 상상은 다음 단계인 반응을 위한 정보수집 과정이면서 골퍼가 해야 할 일을 정신적인 측면에서 리허설하는 과정이다. 세 번째, 반응은 상상에서 비롯된 무의식적 동작의 출현을 의미한다. 또는 스윙 동작이 오로지 타깃에 의해서만 일어나는 것을 의미한다. 샷 할 때 시간을 끌 필요가 없는 이유가 바로 여기에 있다.

네 번째, 수용의 단계에서는 샷 결과를 무덤덤하게 받아들인다. 이 말은 미스 샷이 나오더라도 분노하지 않고, 자책하지 않으며 '괜찮아, 실수는 언제라도 나올 수 있는 거야', '실수하지 않는 사람은 없어'라고 실수를 수용하는 마음을 갖는 것이다. 이런 마음은 다음 샷에 집중할 수 있는 고요한 마음을 만든다.

024

스윙 찍는 습관을 버려라

골퍼들은 연습할 때 으레 자신의 스윙을 찍어서 보기를 좋아한다. 노력의 결과를 확인하고 싶기도 하고, 미스 샷이 나오면 어디가 문제인지 찾고 싶기 때문이다. 첨단을 달리는 스윙 분석 시스템은 교습가들에게 없어서는 안 될 레슨 도구로써 한몫하고 있고, 스마트폰의 등장은 누구나 손쉽게 자신의 스윙을 촬영할 수 있도록 만들었다.

하지만 이러한 골퍼의 태도는 어느 시점에 이르러 실력향상을 더디게 하는 요소가 된다. 그 이유는 골프를 잘하기 위한 요소는 다양하게 있지만, 오로지 스윙에만 집착하도록 만들기 때문이다. 스윙에 대한 집착은 연이은 미스 샷을 만들고, 그 미스 샷은 또다시 문제점을 찾기 위해 스윙을 찍어보도록 만든다. 결국 골퍼는 악순환에서 헤어 나올 수 없게 된다.

물론 스윙을 찍는 게 무조건 나쁘다는 것은 아니다. 때로는 영상을 통해 스윙에 대한 이해를 높일 수 있고, 때로는 스윙에 관한 생각을 바꿀 수 있는 계기가 되기도 한다. 이처럼 목적 있는 스윙 촬영은 골퍼에게 도움이 되기도 하지만, 문제는 연습할 때마다 혹은 미스 샷이 나올 때마다 습관적으로 찍어보는 행태다. 이는 득보다 손실이 더 크다.

타이거 우스의 어린 시절, 그의 부모는 타이거의 골프 수행을 평가하거나 스윙을 분석할 수 있는 카메라, 캠코더 등 어떠한 과학적 장비도 사용하지 않았다. 미국의 저명한 스포츠심리학자 밥 로텔라 박사는 진정한 자신감은 장비나 기계 따위로 만들어지는 것이 아니라고 역설한다. 골프에서 필요한 그 감각은 눈으로 볼 수 있는 성질의 것이 아니기 때문이다.

025

타깃 집중은 마음의 눈으로 한다

골프와 사격은 같은 타깃 게임이지만 동작 수행 시 큰 차이점이 있다. 골프는 동작이 크고 복잡하며, 때로는 힘과 크기 조절도 해야 한다. 이에 반해 사격은 조준과 격발 등 아주 단순한 동작으로 구성되어 있다. 이것은 형태적인 차이점이다. 반면 정신적인 측면에서 생각해보자면 시선이 어디에 있느냐에 그 차이점이 있다. 골퍼의 눈은 수행하는 순간 타깃으로 향하지 않는다.

사격할 때는 눈이 타깃을 바라보는 것이 당연하다. 정확한 조준을 위해 가늠자 가늠쇠를 바라보며 타깃과 일치시킨다. 만약 방아쇠를 당기는 순간 눈이 타깃이 아닌 엉뚱한 곳을 바라보고 있다면, 이는 누가 봐도 비정상적인 동작이다. 아마도 원하는 타깃을 맞출 수 없을 것이다. 결국 '타깃 집중'은 눈이 타깃을 바라보고 있는 상태에서 실현된다.

그렇다면 눈이 타깃으로 향하지 않는 골프에서는 타깃 집중을 어떻게 해야 할까? 그 답은 마음의 눈에 있다. 우선 타깃을 바라보면서 사진처럼 보이는 것을 찍어 둔다. 그런 후 시선이 공으로 돌아오더라도 계속 그 사진을 머릿속에 띄어 놓는다. 이때 공이 선명하게 보여서는 안 된다. 마음의 눈으로 타깃을 바라봐야 하기 때문이다.

이때 주의할 점은 시선이 공으로 돌아왔을 때 시간을 지체하지 말고 바로 샷을 시작해야 한다는 것이다. 시간을 끌면 머릿속 사진은 금세 사라지기 때문이다. 그러면 '타깃 집중'이 되지 않은 채 샷을 하게 된다. 게다가 동작에 관련한 생각까지 추가된다면 그것은 마치 엉뚱한 곳을 바라보며 방아쇠를 당기는 비정상적인 사격과 다를 바 없다.

골퍼들은 행동적인 측면에만 집중하는 경향이 있다.
하지만 골퍼가 반드시 알아야 할 것은
정신적인 측면에 의해 행동적인 측면이 따라온다는 사실이다.
그렇다면 골퍼에게 필요한 정신적인 루틴은 무엇인가?
그것은 긍정 암시-상상-반응-수용의 4단계 과정이다.

026

느낌을 표현하라

말은 사고의 도착지 또는 생각의 결과물이다. 어떤 말을 사용하느냐에 따라 사고의 방식이 달라지고, 생각의 차이를 만든다. 가령 '몸통을 회전한다', '머리를 고정시킨다', '팔을 펴고 구부린다', '손목을 꺾는다', '각도를 만든다', '체중을 이동한다'처럼 동작 묘사를 자주 하는 골퍼들은 신체 움직임에 집중된 사고를 하는 중이다.

반면 '흐물흐물 낙지가 된 것 같다', '왔다 갔다 그네를 타는 듯하다', '흔들흔들하는 시계추가 움직이는 것 같다', '와르르 건물이 무너지는 느낌이다', '실연 후 풀이 죽어 있는 듯한 느낌이다', '춤을 추는 것 같다', '리듬을 타는 느낌이다'와 같이 느낌 표현을 자주 하는 골퍼들은 힘 빠짐과 클럽헤드의 움직임에 집중된 사고를 하는 중이다.

클럽헤드의 움직임과 상관없는 신체의 움직임은 몸이 경직되고 당기는 힘을 쓰기 쉽다. 의식적인 동작으로써 모양 만들기에만 신경 쓰기 때문이다. 반면 클럽헤드의 움직임과 연결된 신체의 움직임은 몸에 힘이 들어가지 않으며 밀어내는 힘을 쓰기 쉽다. 무의식적인 동작으로써 자연스러운 스윙이기 때문이다.

분석적이고 세부적이며 논리적인 사고를 하는 골퍼는 스윙의 기술적인 부분에 집착하여 모방적이고 인위적이며 복잡한 스윙을 추구한다. 반면 통합적이고 전체적이며 직관적인 사고를 하는 골퍼는 스윙의 감각적인 부분에 집중하여 창의적이고 본능적이며 단순한 스윙을 추구한다. 느낌을 표현하는 골프가 곧 감각적인 골프로 이어질 수 있다.

027

움직이는 공처럼 다뤄라

사람들이 골프를 어려워하는 이유 중 하나는 움직이지 않는 공을 다루는 데 있다. 공 앞에 선 골퍼는 생각할 수 있는 시간이 주이지고 리허설할 수 있는 시간도 주어진다. 이때 자칫 불필요한 시간을 쓰면 경기 진행을 지연시킬 수 있다. 더 나쁜 부작용은 골프가 정적인 스포츠로 인식되어 신중한 태도를 강요받는다는 점이다.

반면 움직이는 공을 다루는 스포츠들은 어떠한가? 탁구, 테니스, 배드민턴과 같은 종목은 도중에 공이 정지하는 순간이 없다. 선수 역시 멈춰 있을 수 없다. 공의 움직임에 따라 몸의 반응이 즉각적으로 이루어져야 하기 때문이다. 복싱, 유도, 태권도 등의 격투기 종목도 마찬가지다. 순간순간 상대의 움직임에 따라 수비와 공격을 민첩하게 수행해야 한다. 가만히 멈춰 있다가는 언제 얻어맞을지 모른다.

몸의 움직임이 없을 때는 생각하기 쉽고, 몸의 움직임이 있을 때는 생각을 멈추기가 쉽다. 골퍼는 움직이지 않는 공의 함정에 빠지지 않아야 한다. 이 말은 정지된 공이라 할지라도 골퍼는 계속 움직여야 한다는 뜻이다. 그것은 마치 움직이는 공을 다루는 것처럼 즉각적이고도 순간적인 움직임으로 이루어져야 한다.

우선 타깃이 정해지면 공이 어떻게 날아갈지 혹은 굴러갈지를 예측한다. 그 순간의 예측에 따라 조준을 위한 발의 움직임, 힘을 빼기 위한 몸의 움직임 그리고 왜글과 같은 손과 팔의 움직임이 따라와야 한다. 이러한 움직임들은 백스윙이 시작되기 바로 직전까지 계속되어야 한다. 부산한 몸의 움직임 속에서 본능적이고 반응적이며 무의식적인 샷이 나온다.

028

자신의 스윙을 사랑하라

일명 낚시꾼 스윙으로 잘 알려진 프로골퍼 최호성은 코리안 투어, 일본 투어에서 다승을 기록한 선수이다. 그는 자신만의 독특한 스윙으로 세간의 화제가 되었으며, 그 유명세로 미국 PGA 투어, 유럽투어에 공식 초청되기도 했다. 누가 봐도 우스꽝스러운 스윙폼을 가지고 있는 최호성 선수지만 인터뷰에서 "내 스윙을 사랑한다"고 당당히 밝힌 바 있다.

'스윙을 사랑한다'는 말은 무엇을 의미할까? 이 말은 누가 뭐라 한들 자신의 스윙을 부끄러워하지 않고, 누가 뭐라 한들 고칠 점이 있다고 생각하지 않는 마음가짐이다. 그러므로 미스 샷의 원인을 스윙에서 찾을 필요 없고, 지금의 스윙으로도 충분히 잘할 수 있다고 느낀다. 만약 자신의 스윙이 마음에 들지 않는 골퍼는 땜질하듯 계속 스윙만 고치고 있을 가능성이 크다.

이러한 의미는 삶에서도 마찬가지로 찾을 수 있다. 자신을 사랑하지 않는 사람은 있는 그대로의 내 모습을 인정하지 못하기 때문에 자신에게 부족한 점, 고쳐야 할 점이 많다고 생각한다. 성격도 고쳐야 하고, 외모도 고쳐야 한다고 생각한다. 이런 사람들은 자신의 부족한 점을 채우기 위해 매사에 뭐든 열심이다.

이처럼 자신의 것을 존중하지 못하면 불필요한 에너지만 쓰게 된다. 이 말은 정작 자신에게 중요한 것이 무엇인지를 파악하지 못한 채 엉뚱한 곳에 초점을 맞추게 된다는 뜻이다. 최호성 선수는 '내 스윙을 사랑한다'는 말과 함께 "저는 샷 할 때, 내 공을 저쪽으로 보내야 한다는 생각밖에 안 해요"라는 말을 덧붙였다. 이것이 바로 골프의 핵심이며, 그가 낚시꾼 스윙으로 스타가 될 수 있었던 이유이다.

'스윙을 사랑한다'는 말은 무엇을 의미할까?

이 말은 누가 뭐라 한들 자신의 스윙을 부끄러워하지 않고,

누가 뭐라 한들 고칠 점이 있다고 생각하지 않는 마음가짐이다.

029

의식과 무의식을 구분하라

스웨덴의 골프 영웅 아니카 소렌스탐은 프리 샷 루틴을 위한 멘탈 과정을 '생각상자'와 '수행상자'로 구분한다. '생각상자'는 샷을 계획하는 단계로써 클럽 선택과 공략, 스트로크 방법을 결정한다. 이를 위해 바람의 세기와 지형을 파악하고 남은 거리를 산출해낸 후 구질을 예측하고 연습 스윙을 한다.

다음은 '수행상자'이다. 말 그대로 수행에만 전념하는 단계이다. 우선 어드레스를 취하면서 조준을 한다. 그리고 마지막으로 타깃을 보며 공이 날아가는 모습을 머릿속에 그려 넣는다. 그리고 시선이 타깃으로 돌아오면 망설임 없이 백스윙을 시작한다. 이때 어떠한 의식적인 생각도 없다.

멘탈이 좋지 않은 골퍼는 이러한 과정이 뒤죽박죽이다. '생각상자'에서는 아무 생각이 없다가 정작 '수행상자'에 들어와 이것저것 생각한다. 거리를 계산하기도 하고, 레슨 받은 동작을 떠올리며 그제야 어디로 공략할지를 생각한다. 이런저런 계산과 생각은 공 앞에서 시간을 지체하도록 만든다. '생각상자'에서 이미 모든 마음의 준비가 끝났어야 한다.

'생각상자'는 의식의 단계이고, '수행상자'는 무의식의 단계이다. 의식의 단계가 프린트 인쇄를 위한 정보수집 및 기획, 편집의 단계라면, 무의식의 단계는 엔터키를 눌러 출력하는 단계이다. 출력의 단계에서는 애써 하는 일은 없다. 그저 날아가는 공을 바라보듯이 출력된 인쇄물을 받아보면 될 뿐이다.

030

단 한 번뿐인 샷을 하라

골퍼들은 미스 샷이 나올 때면 스윙의 일관성을 탓한다. 그리고 많은 연습을 통해 스윙 동작을 굳혀야 한다고 생각한다. 그들이 생각하기에 프로 골퍼들은 오랜 시간 공을 쳐왔기 때문에 그렇게 한결같은 스윙을 할 수 있다고 믿는다. 굳어진 스윙이 필드에서 잘할 수 있는 비결이라 생각하는 것이다.

하지만 곰곰이 한번 생각해 보자. '스윙을 굳힌다'라는 말은 항상 매 샷을 똑같이 복제한다는 의미이다. 연습장이든 필드에서든 굳어진 스윙이 곧 실력이고, 그것이 일관성이라고 여기는 것이다. 이 말이 맞는다면 연습을 많이 하는 선수들은 모두 자신감을 가지고 성공해야 마땅하다. 하지만 현실은 그렇지 않다.

연습장에서는 공을 칠 때 아무런 환경적 변화가 없다. 늘 평평한 지면이고, 날씨의 영향도 크지 않다. 주변의 환경으로부터 방해받는 것이 별로 없다는 뜻이다. 하지만 필드에서는 어떤가? 공이 놓여 있는 경사가 다르고, 코스 상태도 다르고, 날씨도 다르며, 동반자도 다르다. 그리고 자기 컨디션과 감각도 다르다.

골퍼가 한평생 치는 수만, 수십만 개의 샷을 분석해보더라도 단 한 번이라도 똑같은 샷이 나온다는 것은 있을 수 없는 일이다. 우리 몸을 구성하고 있는 60조 개의 세포는 일사불란하게 똑같이 움직일 수 없다. 오류의 시작은 똑같은 동작을 갈망하는 우리의 고정된 생각이다. 좋은 샷은 주어진 환경에 얼마나 잘 적응하는가에 달려 있다. 지금 치는 샷은 결단코 반복될 수 없는 유일한 샷이다.

031

타깃을 바꾸면서 연습하라

드라이빙 레인지에 있는 골퍼들은 타석에 들어서면 같은 클럽으로 똑같은 목표 지점을 향해 수십 개의 공을 쳐댄다. 정확히 말하자면 그저 사각 매트에 스탠스를 평행하게 두는 것뿐이다. 골퍼는 조준을 위해 더 애쓸 것은 없다고 생각한다. 사실 공을 어디로 보낼 것인지에 대한 구체적인 타깃은 없다.

아니카 소렌스탐의 멘탈 코치였던 피아 닐손은 "이 방식이 어떻게 진짜 골프와 같은가?"라며 의문을 제기한다. 진짜 골프라는 것은 필드에서의 골프를 말하는 것으로써 매 샷을 할 때 타깃이 있고, 그곳으로 공을 보내는 행위를 말한다. 필드에는 연습장에서 의존했던 사각 매트도 없을뿐더러 같은 목표를 향해 샷을 하는 경우도 거의 없다.

피아 닐손은 연습할 때도 목표 지점이 계속 바뀌어야 한다고 강조한다. 이는 샷을 할 때마다 우리 뇌에 새로운 정보가 제공됨을 의미한다. 타깃이 바뀜으로써 몸의 정렬을 새롭게 느껴보고, 공이 날아가는 모습도 새로이 그려본다. 모든 준비 과정을 다시 거쳐야 한다. 이렇게 새로운 정보를 처리하는 과정이 곧 골퍼의 할 일이며 집중이다.

타깃을 비꾸면서 하는 연습은 퍼팅에서도 마찬가지이다. 한 자리에서 계속 같은 목표 지점을 향해 공을 굴린다면 그것은 퍼팅에 필요한 진짜 연습이 아니다. 진짜 연습은 경사도 바뀌고 거리도 바뀌어야 한다. 퍼팅 실력은 처음 마주한 상황을 얼마나 잘 해결하느냐에 달려 있다. 18홀을 도는 실전에서는 같은 자리에서 두 번 치는 경우가 단 한 번도 없기 때문이다.

타깃이 바뀜으로써 몸의 정렬을 새롭게 느껴보고,
공이 날아가는 모습도 새로이 그려본다.
모든 준비 과정을 다시 거쳐야 한다.
이렇게 새로운 정보를 처리하는 과정이
곧 골퍼의 할 일이며 집중이다.

032

장비에 의존하지 마라

과학이 발달하면서 골프 관련 첨단 장비들이 즐비하게 출시되고 있다. 스윙을 입체적으로 비교, 분석할 수 있는 영상 장비, 헤드 스피드, 궤적, 볼의 발사각, 스핀 양 등의 각종 정보를 제공해주는 장비, 고저 차를 감안한 거리측정기, 마치 실사와 같은 스크린 골프 등등. 최근에는 레슨 시장에 인공지능까지 등장했다. 하루가 다르게 진화하는 장비를 보자면 감탄하지 않을 수 없다.

골퍼는 이러한 장비들이 자신의 실력을 향상시켜 줄 것이라 믿는다. 그들은 보다 정확한 동작을 만들 수 있다는 생각에 안도하고, 자신의 문제점을 완벽하게 찾아낼 수 있다는 사실이 반갑다. 또한 각종 데이터로 향상 과정을 확인하는 것이 만족스럽다. 최첨단 장비를 사용하는 순간에는 참 좋은 훈련을 하는 것에 뿌듯함을 느낀다. 하지만 이것은 순전히 착각이다.

첨단 장비는 훈련에 참고할 만한 자료를 제공해준다. 하지만 근본적으로 골프에 필요한 감각을 개발시키거나 강화하지는 못한다. 분석 장비는 일반적으로 문제점을 찾기 위한 목적으로 사용된다. 만약 이런 장비에 지나치게 의존한다면 단점에만 집중하도록 만들어 오히려 부정적인 사고를 키운다. 실력 있는 선수는 그러한 장비가 자신의 골프를 근본적으로 발전시켜줄 것으로 생각하지 않는다.

첨단 장비의 역기능은 골프에 국한된 이야기가 아니다. 로봇의 발전은 일자리 감소라는 사회적 문제를 야기시켰고, 스마트 폰은 각종 심리 문제를 발생시켰다. 또한 운송 수단과 첨단 무기의 발달은 수천, 수만 명의 인명피해를 가져왔다. 첨단기술의 발달로 인한 치명적인 역기능에 주목하지 않을 수 없다.

033

현재에 집중하라

어떤 골퍼들은 시합 중 발생한 실수를 잊지 못하고 온통 부정적인 생각으로 머릿속을 채운다. 가령 몇 홀 전에 OB가 난 공을 속상해하고, 해저드에 빠진 공을 아쉬워한다. 그리고 전반전의 쓰리 퍼팅을 후반전에 와서도 자책한다. 실수에 대한 기억은 과거에 있는 마음이다.

어떤 골퍼들은 반대로 아직 일어나지 않은 일에 대해 걱정하며 불안해한다. 티박스에 올라서면 OB가 걱정이고, 페어웨이에서는 해저드가 걱정이다. 롱 퍼팅은 못붙일까 걱정이고, 쇼트 퍼팅은 빠질까 걱정이다. 시작부터 상대에게 질까 봐 걱정이고, 좋지 않은 성적에 웃음거리가 되지는 않을까 걱정이다. 이러한 불안과 걱정은 미래에 있는 마음이다.

어떤 골퍼들은 아직 일어나지 않은 일에 대해 설레며 흥분한다. 베스트 스코어를 기록할 것 같은 경기 흐름에 설레기도 하고, 내기에서 승리할 것 같은 조짐에 들뜨기도 한다. 우리 속담의 '떡 줄 사람은 생각도 안 하는데 김칫국부터 마신다'라는 말이 제격이다. 이 역시 골퍼의 의식이 미래로 향하는 중이다.

이렇게 골퍼의 의식이 과거와 미래로 떠돌다가는 지금 하는 일에 집중할 수 없다. 골퍼는 '현재에 집중한다'는 의미를 이해해야 한다. 그것은 타깃으로 향하는 공을 머릿속에 그린 채 본능적이고 반응적이며 무의식적인 동작의 수행을 뜻한다. 이것은 아쉬움, 속상함, 자책, 후회, 실망, 걱정, 두려움, 기대, 흥분과 같은 혼돈의 정신 상태가 아닌, 맑고 깨끗한 정신 상태에서 가능하다.

034

의식으로 학습하고
잠재의식으로 수행하라

의식은 자유의지와 함께 대상을 인식하며 그에 따라 행위를 선택하도록 하는 정신세계를 말하며, 잠재의식은 어떤 대상을 의식적으로 인식하는 상태는 아니지만 의식 이면에서 활동 중이라고 추정하는 정신세계를 말한다. 의식은 분석과 논리, 학습에 용이하고, 잠재의식은 통합과 직관, 수행을 담당한다.

가령 스윙을 처음 배울 때는 어드레스, 그립을 하나하나 점검하고, 백스윙, 톱스윙, 임팩트 등의 동작을 순서대로 생각한다. 동작에 대한 분석과 논리적인 생각은 온전한 하나의 동작으로 완성될 때까지 계속된다. 이때는 의식의 작용이다. 하지만 시간이 흘러 동작이 익숙해지고 나면, 동작에 관한 생각 없이도 자연스러운 스윙을 할 수 있다. 이때는 잠재의식의 작용이다.

의식과 잠재의식의 작용은 비단 골프에서만 일어나는 것이 아니다. 운전을 배울 때, 컴퓨터 자판을 익힐 때, 악기를 배울 때, 젓가락질을 익힐 때도 마찬가지이다. 좀 더 넓은 의미에서 생각해 보자면, 사람의 모든 일상생활 동작은 잠재의식의 작용이라 할 수 있다. 이렇듯 숙련 동작을 필요로 하는 모든 활동에는 의식적으로 배워 익히는 단계가 있고, 능숙하게 해내는 단계가 있다.

의식의 단계에서는 누구나 서투르고 느리다. 반면 잠재의식의 단계에서는 신경 회로망이 구축되어 있기 때문에 동작의 자동화가 이루어진다. 능숙해지고 빨라진다는 뜻이다. 하지만 잠재의식의 단계로 넘어갈 시기인데도 여전히 의식의 단계에 머물러 있다면 느리고 서투른 동작에서 벗어날 수 없다. 만약 아직도 스윙에 대한 집착을 버리지 못했다면 여전히 의식의 단계에 머무르는 것이라 할 수 있다.

골퍼는 '현재에 집중한다'는 의미를 이해해야 한다.

그것은 타깃으로 향하는 공을 머릿속에 그린 채

본능적이고 반응적이며 무의식적인 동작의 수행을 뜻한다.

이것은 아쉬움, 속상함, 자책, 후회, 실망, 걱정, 두려움, 기대, 흥분과 같은

혼돈의 정신 상태가 아닌, 맑고 깨끗한 정신 상태에서 가능하다.

035

샷에 의미를 부여하지 마라

골퍼는 상황에 따라 샷에 대한 의미를 다르게 갖는다. 가령 친선 경기에서의 샷과 내기할 때의 샷, 이 둘은 그 의미가 다르다. 작은 내기에서의 샷과 큰 내기에서의 샷에서도 그 의미는 달라진다. 내기가 아니더라도 보기 퍼팅과 버디 퍼팅의 의미는 다르다. 또는 친구들과 함께 하는 샷과 직장 상사와 함께 하는 샷의 의미도 매우 다르다.

시합에 출전하는 선수도 마찬가지이다. 연습라운드에서의 샷과 시합에서의 샷, 예선전에서의 샷과 본선전에서의 샷, 1번 홀 티샷과 연장전에서의 샷 또는 일반적인 파 퍼팅과 마지막 우승 퍼팅은 모두 그 의미가 다르다. '의미가 다르다'는 말은 상황을 더 중요하게 인식하면서 성공에 대한 욕구가 더 크다는 뜻이다.

이처럼 각각의 상황에서 의미가 달라질 수는 있지만, 그렇다고 수행이 달라질 필요는 없다. 타깃으로 공을 보내는 일은 상황이 어떻든 골퍼가 한결같이 해내야 하는 일이다. 고급 식당에서 밥을 먹는다고 해서 젓가락질이 더 신중해질 필요는 없다. 음주운전 테스트를 위해 걷기 동작을 시킨다고 해서 평소 걷기와 달라질 필요도 없다. 늘 하던 것에 더 잘하고자 하는 마음을 추가시킨다면 거추장스럽고 어색함만 커질 뿐이다.

라운드 중 상황을 중요하게 인식하면, 다시 말해 의미 부여가 커지면 골퍼는 신중해진다. 더 정확한 준비를 위해 애쓰고, 치밀한 계획을 세운다. 연습 스윙이 더 많아지고, 시간을 더 끌기도 한다. 체크하고 또 체크하며 절차를 복잡하게 만든다. 결국 늘 하던 대로 수행하지 못하고 어색한 동작, 주저하는 동작으로써 미스 샷의 확률만 높인다.

036

어제 잘 맞은 감(感)을 찾지 마라

골퍼들은 연습하다가 공이 잘 맞기 시작하면 그 감이 도 망갈세라 연신 공을 쳐댄다. 마치 스윙을 박제하듯 모양 굳히기에 들어가는 것이다. 하지만 다음 날이면 잘 맞았 던 그 감은 온데간데 없이 사라지고, 어제 잘 맞았던 감 이 나오지 않는다며 한탄한다. 필드에서도 마찬가지이 다. 지난 라운드에서 좋았던 감이 오늘 나오지 않으면 못 내 아쉬워하며 투덜댄다.

이와 같은 태도는 나의 정신을 과거로 보내는 것으 로써 현재에 집중하는 것이 아니다. 현재에 집중한다는 것은 아쉬움, 후회, 자책과 같은 부정적인 감정 없이 지금 당장에 필요한 감을 그때그때 끄집어내는 시도를 말한다. 일주일 전 맛있게 먹었던 음식 맛이 오늘 다시 먹는다고 똑같을 수는 없지 않은가.

골프를 잘하려면 골프에 필요한 감의 속성을 잘 이해해야 한다. 그것은 결단코 고정할 수 있는 것도 아니고, 계획해서 되는 것도 아니다. 또한 교정하는 것도 아니며 철저한 준비로써 하는 것도 아니다. 그것은 언제나 즉흥적인 시도에 의해 순간적으로 이루어질 뿐이다. 지난 시간에 좋았던 감은 애당초 사라질 운명이었다.

골프 감은 시시때때로 달라진다. 그 이유는 날마다 몸 상태가 달라질 뿐만 아니라 기분과 감정도 달라지기 때문이다. 또한 그날그날 코스 상태가 달라지고, 날씨도 달라진다. 모든 조건은 예측할 수 없이 변화한다. 그 변화 속에 각각의 조건들이 조화를 이루는 날, 우리는 그날을 '감이 좋은 날' 혹은 '그분이 오신 날'로 여긴다. 오늘 잘되었다고 내일 잘되리라는 법이 없고, 오늘 잘 안되었다고 내일도 잘 안되는 것도 아니다. 감은 언제나 그 순간에 가봐야 알 수 있다.

037

침묵이 게임의 집중은 아니다

간혹 골퍼 중에는 '게임에 집중해야겠다'면서 동반자와 대화조차 안 하면서 과묵한 표정으로 플레이하는 사람들이 있다. 과연 이것이 게임을 위한, 게임에 필요한 올바른 집중인가? 그렇지 않다. 이런 행위는 집중의 의미를 제대로 이해하지 못한 것이다.

집중이란 현재 내가 하는 일에만 초점이 맞추어진 정신상태를 말한다. 즉 내가 언제 어디에 있든, 무엇을 하든 현재의 순간에 몰입된 것을 말한다. 상대방과 대화할 때는 듣고 말하는 일에만, 공부할 때는 공부하는 일만, 어떤 행위를 할 때는 그 행위에만 몰두할 때 우리는 그것을

'집중'했다고 말할 수 있다.

그렇다면 골퍼에게 필요한 집중은 무엇일까? 이 질문은 '골퍼가 정작 코스에서 해야 할 일은 무엇일까?'와 같은 말이다. 그것은 원하는 곳으로 공을 보내기 위한 일련의 행위 즉, 거리를 체크한 뒤 클럽과 스트로크 방법을 선택하고, 타깃을 정하며, 루틴을 실행하여 공을 치는 모든 행위를 말한다. 이것이 골퍼가 해야 할 일이다.

이러한 과정이 끝나면 얼마든지 다른 행위를 해도 된다. 가령 동반자, 캐디와 골프에 상관없는 이야기를 나눌 수도 있고, 주변 경관을 살피며 경치를 즐길 수도 있다. 하지만 이 순간에 심각한 표정과 함께 침묵을 다짐한 골퍼라면, 그것은 정작 해야 할 일에 충실하지 않겠다는 다짐일 수도 있고, 어쩌면 경기 내내 불필요한 정신노동을 하겠다는 각오일지도 모른다.

이러한 과정이 끝나면 얼마든지 다른 행위를 해도 된다. 가령 동반자, 캐디와 골프에 상관없는 이야기를 나눌 수도 있고, 주변 경관을 살피며 경치를 즐길 수도 있다. 하지만 이 순간에 심각한 표정과 함께 침묵을 다짐한 골퍼라면, 그것은 정작 해야 할 일에 충실하지 않겠다는 다짐일 수도 있고, 어쩌면 경기 내내 불필요한 정신노동을 하겠다는 각오일지도 모른다.

038

백스윙의 크기를 생각하지 마라

쇼트 게임이 롱 게임과 다른 점 중 하나는 남은 거리에 따라 스윙의 크기를 조절해야 한다는 것이다. 그래서 골퍼들은 보통 거리별로 백스윙의 크기를 설정해서 연습한다. 가령 어프로치 샷을 할 때 10m는 오른발 앞까지, 20m는 무릎 높이까지, 30m는 엉덩이 높이까지, 40m는 허리 높이까지, 50m는 가슴 높이까지 하는 것이다.

　퍼팅을 할 때도 마찬가지이다. 백스윙을 할 때 다섯 걸음은 10cm, 열 걸음은 20cm, 열다섯 걸음은 30cm. 골퍼들은 이렇게 자신만의 기준을 마련해야 보다 정확하게 퍼팅할 수 있다고 생각한다. 하지만 그들이 미처 모르

144

는 것은 이런 방법들이 오히려 자신의 본능적인 감각을 떨어뜨린다는 사실이다.

　다음과 같은 실험을 해보자. 연습장에서 골프공을 하나 쥐고 5m를 던져보자. 그런 다음 10m를 던져보고 20m도 던져본다. 거리가 늘어날수록 손동작과 몸동작이 커진다. 동작이 커지는 것은 지극히 상식적이다. 이때 공 던지기를 위한 백스윙 동작을 생각해 보자. 거리에 따라 백스윙의 크기도 커진다. 이때 과연 그 크기를 생각했겠는가?

　공을 던질 때는 누구도 백스윙의 크기를 생각하지 않는다. 생각할 필요가 없다. 왜냐하면 공을 던질 때 우리는 공의 궤적을 상상하고, 그 상상을 현실로 만들어내기 위해 손과 팔을 자동으로, 무의식적으로 움직이기 때문이다. 우리는 이미 어프로치 샷, 퍼팅할 때 백스윙의 크기를 본능적으로 조절하는 능력이 있다. 그 사실을 잊지 말자.

039

상상하고 샷 하라

골프 황제 타이거 우즈는 '나인 윈도우즈nine windows, 나인 샷nine shots'의 개념을 가지고 샷을 구사한다. 그것은 샷을 기본적으로 낮은, 중간, 높은 탄도로 구분한 후 여기에 각각 좌측, 우측, 똑바로 가는 구질을 추가한 개념이다. 이렇게 타이거는 공이 날아가는 모양새를 9가지 형태로 나누었다.

　타이거는 이렇게 말한다. "연습할 때는 코스 한가운데 있다고 생각한다. 그런 후 공이 어디로 출발해서 어느 곳으로 떨어질지를 상상한 후 샷을 한다. 나 역시 연습장에서 자세 교정을 많이 하지만, 실제 시합 중에는 모든 정보를 모아 마음속에 그려놓은 후 그림 안으로 샷을 시도한다. 퍼트도 마찬가지이다. 이렇게 하면 모든 기술적인 생각들을 없앨 수 있다."

어떤 샷을 구사할지 미리 상상하는 것은 프리 샷 루틴에서 가장 중요한 과정이다. 이때는 클럽이 휘둘러지는 느낌, 공의 스피드, 공이 비행하고 굴러가는 모양새를 느껴야 한다. 프로 통산 117승을 기록한 잭 니클라우스는 상상이 되지 않으면 샷을 하지 않았을 정도라고 한다. 만약 자신감보다 불안감이 더 큰 선수라면 공의 비행을 원하는대로 상상하기란 쉽지 않다. 상상도 못 하는데 어떻게 좋은 샷을 칠 수 있겠는가?

'타깃에 집중한다'는 개념에서는 단지 어떤 목표물을 정하는 것으로 끝나지 않는다. 이때 타깃은 공이 어떤 모양으로 날아가는 그림 전체를 말한다. 그 그림 안에는 최종 목표 지점이 포함되어 있다. 이런 방식은 기술적인 부분을 생각하기보다는 공을 어디로 보낼지에만 신경 쓰도록 만든다. 그것은 골퍼의 본능적, 반응적, 무의식적 동작을 이끈다.

040

골프에 재능 없는 사람은 없다

미국의 스포츠심리학자 밥 로텔라 박사는 70회가 넘는 메이저 대회 우승을 도왔다. 그는 책을 통해 "누구나 골프에 필요한 신체 능력을 타고났다"라고 주장한다. 그리고 이를 증명하기 위해 그는 즉흥적인 실험을 제안한다. 우선 7~8m 반경에 있는 타깃 하나를 정한 후 지금 읽고 있는 책을 던져본다. 만약 타깃을 맞추었다면 그것이 바로 누구나 쉽게 할 수 있는 골프 재능이라는 것이다.

퍼팅을 예로 들어보자. 퍼팅의 스트로크는 복잡한 기술이 아니며 특별한 동작이 필요치 않다. 스트로크의 범위는 넓지 않으며, 큰 힘을 필요로 하지도 않는다. 그것은 마치 망치로 못을 박을 때처럼 단순하다. 그야말로 남녀노소 누구나 할 수 있는 동작이다.

또한 로텔라 박사는 퍼팅을 잘하기 위한 요소를 신체적인 부분에서 찾으면 안 된다고 말한다. 정작 중요한 것은 퍼팅에 대한 태도, 자신감, 훈련을 위한 인내 등과 같은 정신적인 부분에 있으며, 그것은 프로 선수가 아니더라도 누구나 갖출 수 있는 능력이라고 한다. 이는 퍼팅뿐만 아니라 아이언 샷, 드라이버 샷도 같은 맥락으로 생각해 볼 수 있다.

빨래를 터는 팔 동작, 야구 스윙 동작, 파리채를 휘두르는 동작, 공을 던지는 동작 등은 이미 학습된 동작으로써 언제 어디서나 누구든지 할 수 있는 움직임이다. 이런 감각들이 바로 골프 샷에 필요한 기본적인 요소이다. 결국 신체적으로나 정신적으로나 골프 재능은 누구에게나 있다는 이야기가 된다. 이것을 믿으면 골프가 쉬워지고, 믿지 못하면 골프는 한없이 어려워지게 된다.

3

자신감과 멘탈 훈련

PERFECT   MENTAL

골프 멘탈의 핵심은 자신감에 있다.

자신감에서 골프에 필요한 모든 심리적 요소가 파생된다.

멘탈 훈련의 궁극적인 목표는 자신감을 갖기 위함이다.

041

내면의 거만함을 가져라

자신감이란 자신을 믿는 느낌, 해낼 수 있다는 느낌으로써 스스로에 대한 긍정적 기대감을 말한다. 하지만 이것은 우리가 알고 있는 보통의 자신감에 불과하다. 경쟁에서 필요한 자신감은 이보다 더 강한 느낌이어야 한다. 자신을 그 어떤 골퍼보다 더 우월하게 생각하고, 자신을 최고의 골퍼로 여기는 마음, 그것을 바로 '내면의 거만함'이라 표현할 수 있다.

가령 '누구도 나를 이길 수 없다', '누구도 존경하지 않는다', '나의 패배는 흥미로운 사건이다'라는 생각과 함께 자신을 절대적 승리자로 여긴다. 혹은 '나는 주인공이고 다른 선수들은 들러리일 뿐이다', '나의 1등은 당연하고 다른 선수들은 2등 자리를 놓고 싸운다'라고 생각한다. 자신을 어느 경기에서든 우승할 자격이 있는 선수라 여기다니, 이 얼마나 거만한 태도인가.

간혹 '이기적이다', '잘난 척한다', '싸가지없다'와 같은 부정적 평가를 받으면서도 경기력이 뛰어난 선수들이 있다. 이들이 바로 그 거만한 마음을 가지고 있는 선수들이다. 하지만 그들은 그것을 가슴속에 고이 묻어놓지 못하고 겉으로 드러내는 실수를 범하는 중이다. 겸손을 제대로 배우지 못했기 때문이다.

'내면의 거만함'은 자신을 실수가 없는 사람, 패배하지 않는 사람으로 인식하도록 만들면서 좀 더 대범하게, 좀 더 단호하게, 좀 더 당당하게 경기하도록 만든다. 미스 샷에 대한 걱정은 집에 두고 온 지 오래다. 결국 이러한 태도는 본능적, 반응적, 무의식적 동작 즉, 자신만의 방식으로써 자기 게임을 하도록 만든다.

042

PERFECT MENTAL

마음속에서 훈련하라

종목을 불문하고 모든 세계적인 스포츠 스타들은 하나같이 '이미지 트레이닝'의 중요성을 강조한다. 그들은 마음속에서 훈련하거나 상상으로 경기하는 시간을 가진다. 또한 과거의 좋았던 샷을 회상하기도 한다. 이미지 트레이닝은 시간과 장소에 구애받지 않고 할 수 있는 장점이 있다. 눈만 감으면 언제 어디서나 가능하기 때문이다. 이 훈련을 꾸준하게 한다면 연습장에서 수백 개 공을 치는 효과를 낼 수 있다.

이미지 트레이닝이 효과적인 이유는 우리 뇌가 현실과 상상을 구분하지 못하는 특성 때문이다. 이는 현실이 아닌 상상을 통해서도 신체적 반응이 일어난다는 이야기다. 악몽을 꾸거나 무섭고 두려운 상상을 하게 되면 우리 뇌는 불안반응을 보이며 그에 따른 신체적 증상을 일으킨다. 실제가 아닌 상상에도 가슴이 뛰고 식은땀을 흘리는 이유가 여기에 있다.

이렇듯 상상은 심리적 경험을 제공한다. 내일 라운드할 코스에서 멋진 샷을 해내는 자신의 모습을 상상한다면 우리 뇌는 이미 내일의 플레이를 사전 경험하는 것이다. 긴장된 상황, 중요한 순간, 곤경에 처한 상황에서도 잘 해내는 나의 모습을 상상한다. 그러면 우리 뇌는 실제로 그 상황을 맞이하더라도 훨씬 더 익숙하게 느낀다.

상상할 때는 가능한 한 구체적으로 하는 것이 좋다. 바람을 느끼고, 풀냄새를 느낀다. 수다스러운 동반자를 그려보고, 상냥한 캐디의 모습도 상상해 본다. 그립을 쥐는 촉감, 연습 스윙할 때 나는 바람 소리를 느껴본다. 티잉 그라운드로 걸어가는 나의 모습, 티를 꽂는 장면을 세세히 마음속에 그린다. 이처럼 오감을 여는 상상 속에 푹 빠진다면 이미지 트레이닝의 효과는 배가 된다.

'내면의 거만함'은 자신을 실수가 없는 사람,

패배하지 않는 사람으로 인식하도록 만들면서

좀 더 대범하게, 좀 더 단호하게, 좀 더 당당하게 경기하도록 만든다.

043

기술이 아닌 스스로에 대한
자신감을 가져라

간혹 골퍼 중에는 '연습을 많이 해야 자신감이 생긴다'라는 말을 하는 경우가 있다. 얼핏 들으면 의심의 여지 없이 맞는 말 같다. 하지만 이 말의 논리를 무너뜨리자면 연습을 많이 한 골퍼는 모두가 다 자신감을 가져야 마땅하다. 특히 쉬는 날 없이 열심인 선수는 더욱 성공해야한다. 하지만 이런 선수 중에는 오히려 쏟아부은 열정만큼 더 큰 상처를 받는다.

물론, 연습을 통해 자신감을 얻을 수 없는 것은 아니다. 골프를 한참 배워나가는 시기, 일시적으로 공이 잘 맞을 때 또는 얼마간의 노력 후 성과를 냈을 때는 그것에 따라 자신감을 얻기도 한다. 하지만 연습을 통해 생성되는 자신감은 특정 과제, 특정 동작을 잘할 수 있다는 마음이라는 점에서 한계가 있다. 이것을 '기술에 대한 자신감'으로 부른다.

골퍼는 어느 부분에 한정된 자신감이 아닌 더 넓은 의미의 자신감을 가져야 한다. 그것은 바로 '스스로에 대한 자신감'이다. 이 마음은 노력의 양 또는 기술의 습득 정도에 따라 변하지 않는다. 혹은 미스 샷을 쳤다고 해서, 경기 결과가 좋지 않다고 해서 흔들리는 것도 아니다. 혹은 실력이 어떻든, 성적이 어떻든 자신에 대한 기대를 잃지 않는다.

이렇게 초긍정적인 사고를 할 수 있는 이유는 애당초 골프를 만나기 이전부터 골프와 상관없는 건강한 마음이 있었기 때문이다. 이들이 생각하는 방식은 '처음부터 잘하는 사람은 없다. 시행착오를 통해 실력을 키워나간다. 나는 무엇이든 배우기만 하면 잘 해낸다'와 같다. 이런 마음이라면 실패에 좌절할 필요도 없고 도전 앞에 망설일 필요도 없다.

044

하나의 샷이 하나의 게임이다

아니카 소렌스탐의 멘탈 코치 피아 닐손은 선수들의 집
중력을 높이기 위해 아주 특별한 훈련을 시켰다. 그것은
18홀 동안 자신의 핸디캡과 겨루는 6번의 개인전 매치
였다. 가령 1홀, 2홀, 3홀을 묶고, 4홀, 5홀, 6홀을 묶어
세 홀씩 한 게임으로 만든다. 만약 보기 플레이어가 한
게임에서 합계 3오버파를 기록했다면 매치는 이븐even
이 되고, 2오버파를 기록했다면 자신의 핸디캡보다 1타
를 잘 쳤으므로 매치에서 승리하게 된다.

이러한 방식은 지금 현재의 세 홀에 집중하도록 만
들어 지난 홀에서의 성적이 좋지 않더라도 그것을 잊도

159

록 만들고, 미래 홀에 대한 생각을 차단하도록 만든다. 골퍼는 여섯 번의 매치를 통해 얻은 점수를 합산함으로써 최종 점수를 확인할 수 있다.

이 훈련을 통해 골퍼가 집중에 대한 새로운 교훈을 얻을 수 있다면 게임 수를 늘려 집중력을 더욱 높일 수 있다. 그 방법은 세 홀씩 하나의 게임으로 진행했던 것을 한 홀 한 홀 하나의 게임으로 만드는 것이다. 그러면 골퍼는 앞뒤 홀에 대한 생각을 최소화하며 한 라운드에 18번의 게임을 하게 된다.

이러한 개념을 더욱 확장해서 적용한다면, 이제는 한 샷 한 샷을 하나의 게임으로 생각할 수도 있다. 골퍼가 맞닥뜨린 하나의 샷은 주어진 조건을 분석하여 상황을 해결해나가는 하나의 과제이며 하나의 게임이다. 주어지는 매 샷을 자신만의 기준으로 승패를 즐기다 보면 어느새 18번 홀에 이르게 될 것이다. 결국 골퍼의 집중력이란 현재만 생각하는 능력이다.

045

쓰리 퍼팅,
OB의 개수를 세지 마라

라운드를 마치고 나면 으레 확인해야 하는 통계 수치처럼 쓰리 퍼팅을 몇 개 했는지, OB를 몇 개 냈는지를 세는 골퍼들이 있다. 심지어는 뒤땅을 몇 번 쳤는지, 톱핑을 몇 번 쳤는지와 같은 치명적인 실수까지 세곤 한다. 어떤 골퍼는 이를 마치 자랑하듯 떠벌리기도 하고, 또 어떤 골퍼는 자신의 것도 모자라 동반자의 쓰리 퍼팅, OB 샷의 개수를 물어보기도 한다.

이와 같은 태도는 자신감이 낮은 골퍼에게서 잘 나타난다. 이들은 얼마나 많은 실수를 했는지, 누가 더 어처구니없는 실수를 했는지 서로 경쟁하듯 대화한다. 또한 실수한 샷의 개수를 세는 것으로 오늘의 라운드를 평가하고, 그 실수에 대한 분석이 끝날 때 비로소 안도한다. 그리고 이렇게 실수한 것들을 마음에서 정리할 때, 그것을 노력하는 자세라 여긴다.

자신감이 낮은 골퍼는 '실수한 것을 잊으라'는 다른 사람들의 조언을 이해하지 못한다. 왜냐하면 자신의 실수는 명백한 현실이고, 그것을 개선해야 실력이 향상된다는 논리에서 벗어나지 못하기 때문이다. 이런 태도는 실수만 대비하려는 부정적인 마인드를 키우고, 미스 샷에 대한 두려움을 떨칠 수 없도록 만든다.

자신감이 있는 골퍼는 미스 샷에 집착하지 않는다. 그들은 미스 샷을 몇 번 했는지에 관심을 두기보다 성공한 샷을 떠올리며 자긍심을 갖는다. 그것이 자신감의 작동 원리이다. 자신을 돌아보라. 오늘 라운드에서 성공한 쇼트 퍼팅이 몇 번 나왔는지, 잘 된 샷은 몇 번 나왔는지 세어본 적이 있는가? 자신은 실수한 샷을 세고 있는가, 성공한 샷을 세고 있는가?

자신감이 있는 골퍼는 미스 샷에 집착하지 않는다.
그들은 미스 샷을 몇 번 했는지에 관심을 두기보다
성공한 샷을 더 떠올리며 자긍심을 갖는다.
그것이 자신감의 작동 원리이다.

046

멘탈 훈련은
시간과 노력이 필요하다

골퍼들은 레슨을 받거나 연습한 후에는 빠른 보상을 받기 원한다. 스윙에 대한 문제가 그 즉시 해결되기를 원하고, 드라이버 비거리가 당장 증가하기를 바란다. 또는 라운드를 하면 곧장 좋은 성적이 나오길 기대한다. 하지만 근본적인 문제 해결은 그렇게 바라는 만큼 단시일에 이루어지지 않는다.

특히 멘탈적인 측면에서는 더욱 많은 시간이 필요하다. 자신감의 토대가 되는 자아상self-image은 오랜 시간 동안의 경험과 환경, 그간의 기억에 의해서 만들어진다. 만약 부정적 자아상을 키워온 선수라면 그동안에 받아온 부정적인 자극만큼 오랜 시간 동안 긍정적인 자극이 필요할지도 모른다.

하지만 멘탈을 개선하고자 다짐한 선수여도 좀처럼 꾸준한 노력을 하지 못한다. 하루에 단 10분이라도 이미지 트레이닝을 해야겠다고 다짐하지만 대부분 1주일을 넘기지 못한다. 하루에 단 1분이라도 자기암시를 하겠다고 다짐한 선수들 역시 1주일을 넘기지 못한다. 골프 일지를 쓰겠다고 다짐한 선수들은 작심 3일이다.

만약 골프가 기술적인 부분이든 멘탈적인 부분이든 즉각적인 문제 해결이 가능했다면 이 세상에 골프를 어려워하는 사람은 없을 것이다. 골프 실력이 향상되는 과정은 결단코 쉽지 않다. 상급자로 갈수록 더 어려워진다. 성공은 누구나 하는 것이 아니다. 남들이 하지 않는 노력을 끈기 있게 하는 사람만이 성공할 수 있다.

047

너무 좋아하지도 말고, 너무 실망하지도 마라

골퍼들이 좋은 성적을 내고 기뻐하는 것은 당연하다. 버디에 기뻐하고, 파 세이브에 기뻐한다. 어떤 골퍼는 보기만 해도 기쁘다. 때로는 온 그린만 되어도 기쁘고, 누구는 공이 뜨기만 해도 기쁘다. 80대 스코어에 기뻐하는 골퍼가 있는가 하면, 100타만 깨도 기뻐하는 골퍼도 있다. 이렇게 각자의 기쁨 수준이 다른 이유는 내면에서 자신을 평가하는 수준이 다르기 때문이다.

　너무 과한 기쁨에는 자신의 실력을 낮은 수준으로 평가하는 무의식이 숨겨져 있다. 버디를 잡고 과하게 기뻐하는 것은 내가 언제나 당연하게 할 수 있는 일이라고 느끼지 못해왔기 때문이다. 온 그린에 성공하고 과하게 기뻐하는 것 역시 내가 손쉽게 할 수 있는 일이라고 느끼지 못해왔기 때문이다. 아마추어 골퍼가 80대 스코어에 과하게 기뻐한다면 내가 언제나 기록할 수 있는 스코어가 아니기 때문이다.

반대로 골퍼들이 나쁜 성적을 기록한 후 실망하는 것도 당연해 보인다. 예기치 못한 OB에 실망하고, 해저드에 빠뜨려서 실망한다. 때로는 쓰리 퍼팅에 분노하고, 뒤땅을 친 어프로치 샷에 망연자실한다. 누구는 70대를 치고도 실망하고 또 다른 누구는 80대를 치고 실망한다. 이렇게 실망의 수준이 다른 이유 역시 내면에서 자신을 평가하는 수준이 다르기 때문이다.

너무 과한 실망에는 자신의 실력에 대해 의심하는 무의식이 숨겨져 있다. 예기치 못한 OB에도 실망하지 않는 이유는 여전히 좋은 샷을 칠 수 있다는 자신감이 있기 때문이다. 쓰리 퍼팅에도 분노하지 않는 이유는 퍼팅에 대한 자신감 때문이다. 80대를 치고도 실망하지 않는 이유 역시 좋은 성적에 대한 믿음이 있기 때문이다.

048

기세를 유지하라

바둑에는 기세氣勢상 두는 수가 있다. 정확한 수읽기 혹은 형세 판단에 의한 수가 아니고, 상대의 기선을 제압하듯 자신감으로 두는 수를 말한다. 예를 늘면 싸움을 걸기 위한 수, 공격의 흐름을 계속 이어가는 수, 상대를 도발하는 수 등이 있다. 이를 통해 당장의 실리를 챙기기보다는 상대를 위축시키고, 상대의 마음을 교란함으로써 심리적으로 유리한 고지에 설 수 있다.

기세상 두는 수는 상대와의 심리전을 위해 필요하기도 하지만, 무엇보다도 자신감을 표현하며 그것을 유지하는 데 의미가 있다. 자신감이 있을 때 기세를 몰아가며 집중력을 높일 수 있기 때문이다. 골프에서도 이러한 기세가 필요하다. 우선 당당한 모습을 유지한다. 가슴을 펴고 활기차게 걸으며, 단호하게 말하고, 주저하지 않는다. 실수에도 의연한 모습을 보인다.

자신이 오너honor일 때는 상대로부터 오너의 권리를 지킨다. 가끔은 상대가 알면서도 먼저 치려 드는 경우가 있다. 매홀 그대로 두었다간 상대의 기세에 밀리는 수가 있다. 내 권리를 다시는 넘보지 못하도록 상대의 티를 뽑게 하는 과감한 응징이 필요하다. 골프 카트에 탈 때는 앞자리를 선점한다. 골퍼들은 으레 자신의 실력을 평가절하하면서 뒷자리를 찾는 경향이 있다.

페어웨이를 걸을 때는 가장 앞서 걷고, 그린에도 가장 먼저 올라가라. 치는 순서가 애매할 때는 먼저 치는 것이 좋다. 무엇이든 먼저 할 때 상대로부터의 영향을 최소화할 수 있다. 나중에 하는 사람은 먼저 한 사람의 결과에 영향을 받기 마련이다. 기세는 경기를 유리하게 끌고 가는 힘이다. 기세가 꺾인다면 오히려 자신이 경기에 끌려가게 된다. 기세를 유지하는 것도 실력이다.

골프에서도 이러한 기세가 필요하다.

우선 당당한 모습을 유지한다.

가슴을 펴고 활기차게 걸으며,

단호하게 말하고, 주저하지 않는다.

실수에도 의연한 모습을 보인다.

049

더 잘하고자 할 때가
위기 상황이다

라운드 중 위기 상황이라 하면 보통 트러블 샷 또는 타수를 잃을 처지에 있는 상황을 떠올리기 마련이다. 벙커에 빠졌을 때, 러프로 공이 들어갔을 때, 샷 하기 어려운 위치에 있을 때, OB가 났을 때, 벌타를 받고 드롭 플레이를 해야 할 때, 쓰리 퍼팅 포 퍼팅을 해야 할 때 등등. 이런 상황은 표면적으로 드러난 위기 상황이다.

이렇게 눈에 보이는 위기 상황이 있는가 하면 눈에 보이지 않는 위기 상황도 있다. 바로 골퍼가 '더 잘하고자 하는 마음'을 가질 때이다. 가령 베스트 스코어를 기록할 수 있다는 생각, 다른 누군가에게 잘 보이기 위한 태도,

반드시 버디를 쳐야겠다는 전략, 중요한 순간이라서 잘 쳐야겠다는 생각, 시합이니까 잘 쳐야겠다는 다짐 등등.

　이런 생각으로 경기에 들어가면 평상심이 깨지게 된다. 더 잘하기 위한 마음은 긴장감을 높이면서 신중한 태도를 만들고 몸을 경직시킨다. 게다가 정확한 샷을 위해 불필요한 동작에 집착하게 된다. 또한 보다 더 쉬운 공략을 위해 비거리에 힘쓰게 되고, 보다 더 좋은 스코어를 위해 위험한 공략을 하게 된다. 이러한 시도들은 미스 샷의 확률만 높인다.

　골퍼의 '더 잘하고자 하는 마음'에는 자신의 기본 능력에 대한 불신이 시려 있다. 굳이 잘해야 한다는 마음을 보태야 좋은 플레이를 할 수 있는 것인가? 기본 실력만으로 좋은 플레이를 할 수는 없는가? 자신의 기본 실력조차 믿지 못한다면 어떻게 자신감 있는 플레이를 하겠는가?

050

하나의 볼로 플레이하라

골퍼 중에는 미스 샷을 치고 나면 으레 하나씩 더 치는 사람들이 있다. 샷이 마음에 들지 않으면 마음이 불편한 것이다. 간혹 비교적 잘 친 것처럼 보이는데도 더 치려고 하는 경우도 있다. 이런 동반자와 라운드하면 괜스레 짜증이 난다. 진행이 늦어질 뿐만 아니라 경기의 흐름도 끊어지기 때문이다.

하나씩 더 치고 싶은 골퍼들은 '왜 안 맞는 거지?', '뭐가 잘못된 거지?'와 같은 생각으로 그 의심을 당장 확인하고 싶다. 혹은 필드에 나왔을 때 많이 쳐보자는 심산도 있다. 만약 실수를 수용하는 마음이었다면 다시 칠 필요가 없다. 만약 스윙에 집착하는 골퍼가 아니었다면 다시 칠 필요가 없다. 만약 동반자를 배려하는 마음이었다면 다시 치지 않았을 것이다.

잔디에서 여러 개의 공을 치는 것이 자신의 의심과 불안한 마음을 해소해줄지는 몰라도 정작 점수를 내기 위한 중요한 연습은 되지 않는다. 그 연습이란 한 샷 한 샷에 대한 집중, 단 한 번 주어지는 기회에 잘 쳐야 한다는 부담감, 게임의 흐름에 따라 달라지는 마음, 그 밖에 코스 공략 등과 같은 멘탈적인 측면에서의 훈련을 말한다.

한 지리에서 여러 개의 공을 치고 싶다면 그것은 연습장에서나 할 일이다. 물론 연습장에서 할 수 없는 샷이라면 코스에서 하나씩 더 쳐볼 수도 있다. 하지만 마음에 들지 않는다는 이유만으로 습관적인 행위로써 하는 것이라면 그것은 점수를 내는 연습이 아니고, 감각의 연습이 아니며, 집중의 연습이 아니다. 오로지 스윙에 집착한 태도일 뿐이다.

051

원하는 샷만 생각하라

샷 하는 순간의 멘탈은 '원하는 샷'과 '원치 않는 샷' 두 가지로 나눌 수 있다. '원하는 샷'만 생각한 멘탈은 자신의 능력 범위 안에서 칠 수 있는 샷 또는 자신이 원하는 가장 이상적인 공의 비행을 느낀다. 이때 골퍼는 어떠한 미스 샷도 생각하지 않기 때문에 미스 샷을 대비하거나 방지하는 마음 따위는 없다.

반면 '원치 않는 샷'에 집중한 멘탈은 자신이 평소 실수할 때 나오는 구질을 느낀다. 슬라이스나 훅, 뒤땅이나 톱핑 등 미스 샷에 대한 두려움을 느끼면서 이에 대비한다. 어떤 골퍼는 오른쪽이 OB나 위험구역일 때 '오른

175

쪽을 막고 친다'는 생각과 함께 최소한 공이 오른쪽으로는 가지 않도록 하는 동작을 시도한다. 왼쪽도 마찬가지이다.

'원하는 샷'만 생각한 멘탈은 타깃이 설정되고 타깃에 집중하는 샷을 실천하는 중이므로 본능적이고 반응적이며 무의식적인 스윙을 하게 된다. 이는 곧 단순한 스윙을 의미한다. 이런 방식으로 라운드를 끝낸 골퍼는 스윙에 대한 별다른 기억을 하지 못한다. 왜냐하면 라운드 중 스윙에 대해 세세히 생각하지 않았기 때문이다.

반면 '원치 않는 샷'에 집중한 멘탈은 실수에 대비하는 것이 목표이므로 다깃 없이 인위적이고 계획적이며 의식적인 스윙을 하게 된다. 이는 곧 복잡한 스윙을 의미한다. 이런 방식으로 라운드를 끝낸 골퍼는 스윙에 대한 기억이 또렷하다. 왜냐하면 기술적인 측면을 세세히 생각하면서 라운드를 했기 때문이다. 미스 샷을 방어하기 위한 태도로는 최고 수행을 이뤄낼 수 없으므로 자신감을 획득할 수 없다.

골퍼의 '더 잘하고자 하는 마음'에는
자신의 기본 능력에 대한 불신이 서려 있다.
굳이 잘해야 한다는 마음을 보태야 좋은 플레이를 할 수 있는 것인가?
기본 실력만으로 좋은 플레이를 할 수는 없는가?

052

PERFECT MENTAL

글쓰기가 곧 멘탈 훈련이다

골퍼에게 가장 효과적인 멘탈 훈련은 바로 골프일지 쓰기이다. 글쓰기의 좋은 점을 나열해보자면, 우선 자신에게 집중하며 생각을 정리할 수 있는 시간이다. 또한 자신의 감정을 드러내고 생각을 표현함으로써 존재감을 키우며 심리 치유의 효과를 가진다. 또한 몰입의 경험을 하면서 성취감, 행복감, 즐거움을 느낄 수 있다.

하지만 모든 글쓰기가 좋은 것은 아니다. 라운드를 복기하며 스윙 메커니즘이나 동작 분석에 대한 이야기로 채워진 글쓰기, 부정의 언어로 가득 찬 글쓰기, 미스 샷을 떠올리는 글쓰기 등은 좋지 않다. 왜냐하면 자신에게 부

178

정적인 감정을 강화하는 내용이기 때문이다. 좋은 글쓰기는 자신에게 긍정적인 자극을 주는 것이어야 한다. 내용은 다음과 같다.

첫 번째, 골프를 하면서 느낀 점이나 깨달은 점을 쓴다. 골프는 자기성찰의 게임이기 때문에 끊임없이 변화를 꾀해야 한다. 두 번째, 자신을 자신감 넘치는 골퍼로 규정하는 자기암시문을 쓴다. 이때 자신의 단점, 부족한 점이라고 생각한 부분을 반대로 바꾸어서 장점처럼 써본다. 가령 '퍼팅 미스가 두렵다'는 마음이라면 '나는 퍼팅을 잘하는 사람이다'라고 바꾸는 것이다.

세 번째, 자신을 칭찬하는 글쓰기, 혹은 새롭게 발견한 자신의 장점을 써본다. 이는 자신을 긍정적으로 여길 수 있는 좋은 자극제가 될 것이다. 네 번째, 라운드하면서 좋았던 샷을 회상하며 그 당시의 상황과 감정을 기록해본다. 이는 미스 샷은 잊고 잘한 샷만 기억하도록 만든다. 다섯 번째, 자신의 감感을 자신만의 언어로써 창의적으로 표현해 본다. 이는 자신만의 방식을 개발시켜줄 것이다.

053

자신의 수준을 높여라

우리가 일상생활에서 쓰는 냉난방기는 자동 온도조절장치가 내장되어 있다. 가령 설정온도가 25도에 맞춰진 기계는 실내 온도가 26도로 올라가면 온도를 낮추기 위해 작동하고, 25도로 떨어지면 가동을 멈춘다. 이처럼 작동과 멈춤을 반복하면서 실내 온도를 25도로 유지하는 것이 자동 온도조절장치의 기능이다.

골퍼의 잠재의식에도 이와 같은 자동 스코어 조절장치가 내장되어 있다. 자신의 수준을 보기 플레이어로 인식하고 있는 골퍼로 예를 들어보자. 만약 전반 9홀에 보기 플레이보다 못한 14오버파를 기록했다면 이 골퍼는 자신의 수준보다 낮은 성적을 기록했다는 인식으로 후반 9홀에서는 자신도 모르게 집중력을 모은다. 그리고 는 전반전보다 좋은 성적을 기록하면서 원래 자신의 수준으로 되돌아온다.

반대의 경우도 마찬가지다. 전반 9홀에서 보기 플레이보다 잘한 4오버파를 기록했다고 하자. 이 골퍼는 자신의 수준보다 높은 성적을 기록했다는 인식으로 후반 9홀에서는 우쭐함과 지키려는 마음 때문에 집중력이 흐려진다. 그리고 전반전보다 나쁜 성적을 기록하면서 결국 원래 자신의 수준이었던 보기 플레이로 되돌아온다. 이것이 자동 스코어 조절장치의 내막이다.

미국 심리학의 아버지로 불리는 윌리엄 제임스는 '생각한 대로 이루어질 것이다'라는 말을 남겼다. 만약 골프 실력이 정체되어 있다면, 이처럼 정신적인 측면에서 자신을 바라보는 수준을 높여보자. 여전히 '나는 보기 플레이어'라는 말을 입에 담지 말고 '이제 나도 80타는 칠 수 있는 실력이다'라고 생각해 보자. 그 과정에 용기로써 두려움에 맞서는 힘을 갖게 될 것이다.

054

나만의 스윙을 만들어라

PGA 투어에서 가장 독특한 스윙을 가진 선수를 꼽자면 짐 퓨릭을 빼놓을 수 없다. 스윙 코치였던 아버지 마이크 퓨릭은 아들이 자신만의 스윙을 자유롭게 만들 수 있도록 스윙 동작을 교정해주지 않았다. 이후 짐 퓨릭은 누구도 따라 할 수 없는 8자 스윙으로 PGA 투어 역사상 최소 타수인 58타를 기록했고, 프로 통산 29승, 세계랭킹 2위에 오른 바 있다.

　　LPGA 투어에서도 독특한 스윙을 찾자면 아니카 소렌스탐을 빼놓을 수 없다. 그녀는 임팩트가 이루어지기 전에 헤드업을 하는 것으로 유명하다. 코치였던 헨리 레이스는 소렌스탐의 C자형 피니시 동작을 개선하기 위해 헤드업 스윙을 고안해냈다. 이후 소렌스탐은 세계랭킹 1위와 프로통산 95승을 기록했으며 명예의 전당에도 헌액되었다.

이 밖에도 독특한 스윙으로써 뛰어난 업적을 기록한 사례는 무수히 많다. 스윙에는 정답이 없다는 이야기다. 그렇다고 스윙을 자기 멋대로 만들어도 된다는 말이 아니다. 나만의 스윙이란 자신의 스윙에 불만을 품지 않고 더 이상 스윙 교정에 매달리지 않음을 뜻한다. 그것은 현재 자신의 스윙으로도 점수를 만들어내기에 충분하다고 여기는 마음이다.

자신만의 스윙은 골프를 처음 배울 때의 습관에서 만들어지기도 하고, 신체적인 특징에 따라 만들어지기도 한다. 또한 배우는 환경에 따라 혹은 스윙을 교정하는 과정에서의 보상 동작으로써 만들어지기도 한다. 하지만 해가 지나도 스윙 교정에만 매달리거나 다른 사람의 스윙을 따라 하는 것만 애쓴다면 결코 자신만의 스윙을 만들 수 없게 된다.

나만의 스윙이란 자신의 스윙에 불만을 품지 않고
더 이상 스윙 교정에 매달리지 않음을 뜻한다.
그것은 현재 자신의 스윙으로도 점수를 만들어내기에
충분하다고 여기는 마음이다.

055

자신과의 싸움에서 승리하라

자칫 사람들은 '멘탈이 강하다'라는 말을 '버티고 견디는 힘'으로만 이해하기 쉽다. 가령 부상 투혼을 발휘하는 선수들, 체력이 다 떨어졌지만 초인적인 힘을 발휘하는 선수들, 승부는 결정됐지만 포기하지 않는 선수들에게는 '불굴의 의지'라는 수식어가 붙는다. 하지만 이보다 더 중요한 의미로써의 강한 멘탈은 바로 자신을 의심하지 않는 마음에 있다.

자신을 의심하지 않는다는 말은 패배에 대한 걱정, 실수에 대한 불안 없이 오로지 승리할 수 있다는 자기 확신을 뜻한다. 이런 골퍼에게는 수행에 대한 성공 믿음이

꽉 차 있기 때문에 불안감, 긴장감이 높아질 리 없고, 자신감, 집중력이 떨어질 리 없다. 이는 훈련한 만큼의 자기 재능을 모두 발휘할 수 있는 심리상태이다.

반면 자신을 의심하는 골퍼들은 경기 중 다양한 걱정거리로 스스로의 재능을 발휘하지 못한다. 슬라이스 날까 걱정, 생크 날까 걱정, OB 날까 걱정, 해저드 걱정, 벙커 걱정, 쓰리 퍼팅 걱정, 뒤땅 칠까 걱정, 탑핑 칠까 걱정, 급기야 골프 백에 공 떨어지는 것도 걱정이다. 마치 골프는 걱정을 하기 위한 게임이 아닌가 싶을 정도이다.

골퍼가 싸워야 할 대상은 동반 경기자가 아니다. 동반자는 자신의 플레이만 할 뿐, 나에게 어떠한 물리적 공격을 가하지 않는다. 다만 상대의 좋은 플레이에 위축되는 것은 자신의 마음이고, 자신의 좋은 플레이를 걱정하는 것도 자기 마음이다. 골퍼가 싸워야 할 대상은 바로 자신의 마음이다.

056

신중함에서 벗어나라

골퍼들은 라운드 중 반드시 잘 쳐야 한다는 마음이 생길 때가 있다. 큰 내기가 걸려있을 때, 버디 퍼팅일 때, 베스트 스코어를 기록 중일 때, 선수라면 특히 최종일 라운드 혹은 챔피언조에서 플레이할 때, 컷 통과가 걱정될 때, 우승을 앞두고 있을 때 등등. 골퍼는 중요한 순간이라고 생각될 때 더욱 신중한 행동을 보이곤 한다.

신중한 행동의 유형을 살펴보자면 공 앞에 서서 얼음이 되어버린 모습, 좀처럼 스윙을 시작하지 못하는 조심스러운 행동들, 특정 동작을 반복해서 만드는 모습, 그치지 않는 연습 스윙, 어드레스를 풀고 다시 준비하는 모

187

습, 결정을 번복하는 모습 등 대체로 시간을 끄는 행동들에서 그 신중함을 엿볼 수 있다.

어떤 사람들은 골퍼에게 '신중한 플레이'를 강요한다. 그들은 골프가 정적인 운동이라는 생각 때문에 무언가 집중하는 듯한 차분한 태도를 요구한다. 그것이 노력하는 모습이며, 잘하기 위해 애쓰는 올바른 태도라고 생각한다. 그리고 중요한 순간의 실수일수록 신중하지 못한 태도를 지적한다. 하지만 오히려 신중한 태도는 본능적, 반응적, 무의식적인 동작을 못하고 있다는 증거이다.

골퍼는 왜 이렇게 신중해지는가? 이들은 반드시 잘쳐야 한다는 마음 한편으로 실수에 대한 두려움을 가지고 있다. 이때 골퍼는 보다 정확한 방향, 보다 정확한 동작, 보다 완벽한 준비가 필요하다고 생각한다. 하지만 더큰 문제는 아무리 정확하고, 완벽한 준비를 했다 하더라도 자신의 수행을 단호하게 믿지 못하는 데 있다. 신중함은 자신의 결단과 수행을 온전히 믿지 못한 산물이다.

057

큰 무대를 두려워하지 마라

골프 동호회는 실력별로 그룹을 지어 플레이한다. 1군, 2 군으로 나누기도 하고, 싱글 그룹, 백돌이 그룹 등으로 나 누기도 한다. 시간이 지나 실력이 향상된 골퍼는 상위 그 룹으로 올라갈 기회를 얻는다. 골프 선수의 세계에서도 마찬가지다. 아마추어 경기에서는 시 대회, 도 대회가 있 고, 전국 대회가 있다. 프로 경기에서는 3부, 2부, 1부 투 어 순으로 그 무대가 커진다.

　보통의 골퍼들은 잘 치는 사람과 라운드를 하면 더 긴장이 된다거나 부담이 된다 혹은 성적이 잘 나오지 않 는다는 말을 한다. 상대가 나의 실력을 훤히 들여다볼 것만 같고, 상대에게 민폐를 끼치면 안 될 것 같다는 생각을 한다. 그로 인해 '더 잘해야 한다'는 마음으로 신중한 태도를 보이기 쉽다. 미스 샷이 나오는 조건을 스스로 만드는 꼴이다.

골프 선수들도 마찬가지다. 시도 경기에 출전할 때보다 전국대회에 출전할 때 더 긴장한다. 아마추어 선수가 프로 경기로 올라오면 마음가짐이 달라진다. 2부 투어 선수가 1부 투어로 진출하면 또 달라진다. 이렇게 계속 달라지는 이유는 올라선 지금의 무대를 자신의 무대로 여기지 못하기 때문이다. 다시 말해 자신의 수준을 지금의 무대 수준보나 낮게 바라보고 있다는 뜻이다.

멘탈이 좋은 골퍼는 상대가 누구든, 어떤 수준의 경기든 개의치 않는다. 조건이 달라진다고 골프의 본질이 바뀌는 것은 아니지 않은가? 그저 타깃을 보고 공만 때리면 될 일이다. 간혹 신인 선수가 돌풍을 일으키며 우승하는 경우가 있다. 조건에 따라 마음가짐이 변하는 골프를 하지 않았기 때문이다. 그렇지 않고서야 내로라하는 선배 선수들을 어떻게 이길 수 있었겠는가?

멘탈이 좋은 골퍼는 상대가 누구든,
어떤 수준의 경기든 개의치 않는다.
조건이 달라진다고 골프의 본질이 바뀌는 것은 아니지 않은가?
그저 타깃을 보고 공만 때리면 될 일이다.

058

실전처럼 연습하라

골퍼들이 흔히 하는 푸념 중 하나는 '연습장에서는 잘 되는데 필드에서는 안 된다'는 말이다. 이런 말을 하게 된 연유는 필드에서의 조건과 연습장에서의 조건이 너무나 다르기 때문이다. 예를 들면 필드에서는 다양한 지형에서 샷을 해야 하고, 두 번 이상 샷을 하지 않는다. 또한 클럽이 매번 바뀐다. 반면 연습장에서는 평탄한 지형에서 하나의 클럽으로 수십 번의 샷을 한다.

그러므로 실전처럼 연습하기 위한 첫 번째는 다양한 지형을 가정해서 연습하는 것이다. 넓은 스탠스에서 쳐보고, 발을 모아서도 쳐본다. 각각 한 발만 딛고도 쳐본다. 볼 바구니나 벽돌 같은 것을 준비한 후 그것을 딛고 샷을 해본다. 왼발을 딛고 치면 오르막 경사를 위한 연습이 될 것이고, 오른발을 딛고 치면 내리막 경사를 위한 연습이 될 것이다.

두 번째로 공을 쉴 새 없이 치지 않는다. 골퍼는 스윙이 잘 된다고 느끼면 그 감이 어디 갈세라 연거푸 수십 개의 공을 쳐댄다. 많이 치면 칠수록 좋은 감이 굳어질 것이라 여기기 때문이다. 하지만 필드 상황은 어떤가? OB가 나거나 해저드에 빠지지 않고서는 똑같은 조건에서 두 번 이상 치는 경우는 없다. 행여 치더라도 연습장처럼 시간 간격 없이 치지는 않는다.

세 번째로 클럽을 자주 바꾸면서 연습한다. 대부분의 골퍼들은 연습할 때 보통 짧은 클럽부터 시작한다. 어프로치 샷을 한 후 아이언, 페어웨이 우드, 드라이버 순이다. 이들은 작은 힘부터 점점 큰 힘 쪽으로 혹은 작은 동작부터 큰 동작으로 연습하는 것이 체계적인 연습이라 생각한다. 하지만 필드에서의 클럽 선택은 이처럼 규칙적이지 않다. 골퍼는 무작위로 선택된 클럽에 익숙해져야 한다.

059

쇼트 게임에 집중하라

골프 기술은 크게 롱 게임과 쇼트 게임으로 나눌 수 있다. 롱 게임은 드라이버 및 아이언 샷 등의 풀 스윙을 말하며, 쇼드 게임은 어프로치 샷, 퍼팅, 벙커 샷 등을 말한다. 골퍼들이 타수를 줄이기 위해서는 기본적으로 이 두 가지 부분에 균등한 노력이 있어야 하지만, 효율성 측면에서 생각해 보자면 쇼트 게임에 더 큰 노력을 기울여야한다.

이 말은 롱 게임 능력이 좋다 하더라도 쇼트 게임 능력이 좋지 않으면 좋은 점수를 얻을 수 없고, 롱 게임에서의 실수는 쇼트 게임으로 충분히 만회할 수 있다는 뜻을 담고 있다. 또한 쇼트 게임에서 가장 쉽게 점수를 줄일 수 있고, 쇼트 게임에서 가장 쉽게 점수를 잃을 수 있다는 의미이기도 하다. 핵심을 말하자면 결국 점수에 미치는 영향은 쇼트 게임이 더 크게 작용한다.

그럼에도 불구하고 대부분의 골퍼는 유난히 롱 게임풀 스윙 연습에 집착한다. 어떤 골퍼는 퍼팅 연습을 아예 하지 않는다. 그 이유는 공을 더 멀리 치는 도전이 자잘한 쇼트 게임 기술보다 더 흥미롭기 때문이다. 혹은 공을 더 멀리 똑바로 치는 것이 타수를 줄이는 데 더 효과적이라는 착각을 하기 때문이다.

쇼트 게임을 잘했을 때 얻는 멘탈적인 이점 중 하나는 게임 전체에 대한 자신감이다. 쇼트 게임을 잘하는 골퍼는 그린 공략에 실패했다 하더라도 실망하지 않는다. 왜냐하면 자신의 특기인 쇼트 게임이 남아있다는 생각 때문이다. 오히려 자신의 특기를 보여줄 기회라 생각하고 그린 공략에 대한 실패마저도 즐기는 마음으로 넘길 수 있다. 결국 탁월한 쇼트 게임 능력은 부담 없는 롱 게임을 하도록 만든다.

060

열심히 하지 마라

미국의 괴짜 골퍼 토미 볼트Tommy Bolt, 1916~2008는 성격이 아주 급하고, 다혈질이었다. 그는 경기가 잘 풀리지 않으면 클럽을 부러뜨리거나 집어던지는 것으로 유명했다. 보다 못한 미국프로골프협회PGA에서는 그의 비매너 행동을 제지하기 위해 선수가 클럽을 던지면 벌금을 부과하는 규칙을 제정했다.

그는 "골프를 맹목적으로 열심히 해서 얻는 것은 상처뿐이다"라는 모순적인 말을 남겼다. 이런 말을 할 수 있었던 이유는 그가 당시 가장 열심히 하는 선수 중 한 명이었기 때문이다. 많은 노력에도 불구하고 미스 샷이 반복되자 분노가 폭발했던 것이다. 이처럼 골프는 무조건 열심히 한다고 될 일이 아니다. 그럼에도 골프를 업으로 하는 선수들은 이런 함정에 자주 빠지곤 한다.

'열심히 하지 말라'는 말에는 두 가지 의미가 있다. 첫 번째는 골프를 하는 방식에 대한 문제에 있다. '열심히'라는 태도로써 샷을 할 때는 보다 더 세심한, 꼼꼼한, 신중한 혹은 의식적인 마인드를 발동시킨다. 그러면 결국 골프 멘탈의 핵심을 이루는 본능적, 반응적, 무의식 동작이 원천적으로 차단되면서 서투르고 경직된 동작이 나온다.

두 번째는 마음의 휴식과 관련되어 있다. 골프 선수는 자칫 '열심히 해야 한다'는 신념으로 자기 생활, 취미 생활, 휴일 없이 오로지 훈련에만 몰두한다. 이런 태도는 장기적으로 마음을 지치게 만들고 스트레스를 유발함으로써 골프에 대한 의욕과 흥미를 떨어뜨린다. 마음의 휴식은 골프를 완전하게 잊는 시간을 말한다. 이와 같은 '열심히'의 태도를 버리면 남들이 봤을 때 노력하지 않는 것처럼 보일 수도 있지만 그것이 현명한 노력이다.

4

현명한 전략 그리고 퍼팅

P E R F E C T   M E N T A L

골프는 누가 더 적은 타수를 기록하느냐의 게임이다.

골퍼가 전략을 갖고 현명해져야 하는 이유이다.

퍼팅은 가장 감각적이고, 가장 마음의 영향을 많이 받는 기술이다.

061

코스를 매니지먼트하라

아시아 선수로는 최다인 PGA 투어 8승을 기록한 최경주 선수는 코스 매니지먼트를 이렇게 정의한다. "파 5홀에서 투온 시도를 잘 하지 않는다. 대신 세컨드 샷을 칠 때 내가 좋아하는 95야드를 남겨두려고 한다. 이것이 코스 매니지먼트이다." 그리고 이런 말도 덧붙인다. "어떤 클럽이든 무작정 멀리만 치려고 한다면 스코어를 줄일 수 없다."

이처럼 코스 매니지먼트란 코스의 생김새를 잘 파악하여 보다 좋은 점수를 기록하기 위한 전략을 말한다. 다시 말해 자신의 샷을 코스에 효율적으로 적용하는 것이라 할 수 있다. 코스에는 벙커, 해저드, 러프 등 눈에 띄는 위험 요소도 있지만, 코스 설계자에 의한 보이지 않는 함정도 산재해 있다. 이를 잘 간파하여 플레이하는 것이 코스 매니지먼트이다.

티샷을 할 때는 무조건 멀리 치기보다는 세컨드 샷을 안전하게 칠 수 있는 곳에 공을 갖다 놓아야 한다. 파5에서는 무조건 투온을 시도하기보다는 실수 없는 쓰리온 공략이 우선되어야 한다. 그린을 향해 샷을 할 때는 깃대를 직접 공략하기보다 온 그린의 확률을 높이는 전략이 필요하다. 특히 앞 핀일 경우에는 거리상 딱 맞는 클럽보다 한 클럽 여유 있는 선택이 온 그린의 확률을 높인다.

'코스 매니지먼트'라는 용어가 탄생하게 된 연유는 누구도 18홀 내내 완벽한 샷을 구사할 수 없기 때문이다. 만약 모든 샷을 똑바로 칠 수 있다면 코스 매니지먼트란 말은 무의미해진다. 왜냐하면 보이는 대로 똑바로만 치면 되기 때문이다. 코스 매니지먼트의 궁극적인 의미는 미스 샷을 치더라도 되도록 점수를 잃지 않는 방법을 찾는 데 있다.

062

스트로크에 대한 생각을 버려라

골프에서 가장 예민하게 동작해야 하는 것 중 하나가 바로 퍼팅이다. 수행하는 동작이 풀 스윙처럼 크거나 복잡하지는 않지만, 방향이 조금만 틀어지거나 거리감이 조금만 어긋나도 공은 홀에 들어가지 않는다. 이러한 이유로 골퍼가 보다 정확한 스트로크, 신중한 스트로크를 위해 애쓰는 것은 당연해 보인다.

지도자로부터 받는 퍼팅 레슨은 주로 공을 치는 동작이나 자세에 대한 문제 즉, 스트로크에 관한 것이 대부분이다. 그래서 골퍼는 퍼팅할 때 스트로크에 대해 생각하는 것을 자연스럽게 여긴다. 가령 '어깨를 사용한다',

'손목을 쓰지 않는다', '머리가 움직이지 않는다', '헤드가 낮게 출발해야 한다' 등등. 그 작은 동작을 한 번 하는데 뭐 그리 생각할 것이 많은가.

하지만 아이러니하게도 이러한 생각들은 퍼팅의 일관성과 정확성을 떨어뜨린다. 일필휘지一筆揮之라는 말처럼 퍼팅 스트로크는 간결하게, 주저함 없이, 단숨에 쳐야 한다. 붓글씨를 쓸 때도 단숨에 써야 반듯하고 맵시 있는 글씨가 나온다. 천천히 더 정확하고 신중하게 쓰려다간 오히려 먹물만 번지고, 삐뚤빼뚤한 글이 되고 만다.

퍼팅이든 붓글씨든 좋은 결과를 위해서는 세밀하게 노력하는 것보다 전체를 느끼는 방식을 취해야 한다. 부분부분 나누는 것보다 한 번의 움직임으로 하는 것이 좋다는 이야기다. 공을 치는 그 순간의 집중은 오로지 공이 어떻게 굴러갈지를 예측하는 공간 감각에 있어야 한다. 그 집중 속에서 나도 모르는 스트로크 동작이 일어나야 한다. 이것이 자연스러움이다.

063

그린 중앙을 공략하라

좋은 스코어를 기록하기 위해서는 핀에 붙는 샷이 많이 나와야 한다. 이를 위해 핀을 향해 샷을 하는 것은 의심의 여지가 없이 당연한 행동이다. 그렇지만 핀을 향해 샷을 한다고 해서 항상 좋은 성적이 나오는 것은 아니다. 공이 항상 조준한 대로 날아가지도 않을뿐더러 핀 위치에 따라 수많은 함정이 도사리고 있기 때문이다.

아직 노련하지 못한 골퍼들은 공이 핀 옆에 착착 떨어지는 멋진 플레이를 꿈꾼다. 그렇게 꿈꾸는 대로만 된다면 누가 골프를 못 치겠는가? 반면 노련한 골퍼는 자신의 실력과 상관없이 공이 항상 똑바로 가지 않을 수 있다는 사실을 이해하기 때문에 좀처럼 핀을 향해 샷을 하지 않는다. 그들은 아무런 위험 요소가 없을 때 혹은 핀이 그린 중앙에 있을 때 비로소 핀을 직접 공략한다.

'급할수록 돌아가라'는 옛말도 있듯이 때로는 돌아가는 방법이 지름길이 되기도 한다. 핀이 한쪽 구석에 있을 때 지금 플레이하는 이 한 홀에서 모든 승부가 결정된다면, 핀을 직접 공략하는 도박 같은 플레이를 할 수도 있다. 하지만 18홀 전체 성적을 고려한다면 그것은 그저 무모한 공략일 뿐이다.

골프를 잘한다는 것은 점수를 잘 만드는 데 있다. 그것은 하나의 멋진 샷으로 결정되는 것이 아니라 한 샷 한 샷 지능적인 플레이에 의해 만들어진다. 이는 덜 멋지더라도 좋은 점수를 기록할 수 있는 확률 플레이를 말한다. 이처럼 핀이 아닌 온 그린을 목표로 해야 하는 이유는 퍼팅이 어프로치 샷보다 성공 확률이 훨씬 높기 때문이다.

'코스 매니지먼트'라는 용어가 탄생하게 된 연유는 누구도
18홀 내내 완벽한 샷을 구사할 수 없기 때문이다.
만약 모든 샷을 똑바로 칠 수 있다면 코스 매니지먼트란 말은
무의미해진다. 왜냐하면 보이는 대로 똑바로만 치면 되기 때문이다.
코스 매니지먼트의 궁극적인 의미는 미스 샷을 치더라도
되도록 점수를 잃지 않는 방법을 찾는 데 있다.

064

거리 체크는 눈으로 하라

퍼팅을 잘하기 위해서는 남은 거리에 따라 힘 조절을 잘 해야 한다. 보통의 골퍼들은 거리 체크를 위해서 발걸음 수를 센다. 발걸음 수에 따라 스트로크의 크기를 계획하 려는 심산이다. 언뜻 생각해 보면 정확한 거리 체크를 위 한 체계적인 방법이라고 생각할 수 있지만, 사실 이 방법 은 본능적일 수 없다. 이 말은 자신의 감각에 온전히 집 중할 수 없다는 뜻이다.

생각해 보라. 퍼팅 그린은 골프장마다 빠르기가 다 르다. 그리고 같은 코스일지라도 매홀 빠르기가 다를 수 있다. 또한 오르막 내리막 등 다양한 요소를 고려해야 한다. 그리고 그린 빠르기는 잔디가 자라기 때문에 오전 다르고 오후 다를 수 있다. 이렇게 매 순간 바뀔 수 있는 조건에서는 숫자로 규정된 정량적 거리 체크 방법은 한계를 지닐 수밖에 없다.

올바른 거리 체크 장치는 바로 자신의 눈에 있다. 우리 눈은 타깃을 바라보는 순간 이미 거리 계산을 끝낸다. 홀까지 오르막인지, 내리막인지 혹은 세게 쳐야 할지, 약하게 쳐야 할지, 공 앞에 다다르기 전에 우리 뇌는 이미 감지하고 있다는 뜻이다. 이때 손은 눈이 시키는 대로, 뇌가 감지한 대로 정확하게 움직일 것이다. 이것이 곧 감이다.

만약 정말 정확한 거리 체크가 필요하다면 거리측정기를 사용하면 될 일이다. 하지만 골퍼들은 약속이나 한 듯 그린에서는 거리측정기를 사용하지 않는다. 더 정확하고 신속하게, 혹은 왔다 갔다 하는 번거로움을 피할 수 있는데도 말이다. 그 이유는 무엇일까? 혹시 우리의 무의식은 본능적이고 감각적인 퍼팅을 강요하고 있는 것이 아닐까?

065

지키는 플레이를 하지 마라

축구 경기를 보면 간혹 팀 전원이 자신의 진영에 포진하여 수비에만 몰두하는 경우가 있다. 상대가 강한 팀이거나 꼭 이겨야 하는 경기에서 종종 볼 수 있는 모습이다. 또한 유도, 레슬링, 태권도와 같은 격투기에서도 점수가 앞서고 있을 때 방어적이거나 회피하는 태도로 바뀌는 선수가 있다. 이때 심판은 소극적 태도에 주의를 주기도 하고, 우리 팀 방송 해설자는 절규하듯 "방어만 해서는 안 됩니다. 공격해야 합니다!"를 연발한다.

어떤 스포츠든 수비에만 치중하는 전략은 성공하기 쉽지 않다. 왜냐하면 상대에게 더 많은 공격 기회를 주고,

자신은 방어적인 태도로 위축된 플레이를 할 수 있기 때문이다. '최선의 수비는 공격'이라는 말이 있듯이 경기 상황이 유리하다고 전략과 태도를 바꾸는 것은 바람직하지 않다. 하던 대로 하는 것이 가장 좋다.

골프에서도 마찬가지다. 라운드하다 보면 웬일인지 플레이가 잘 되는 날이 있다. 전반전을 좋은 점수로 마치고 후반으로 들어설 때면 베스트 스코어가 기대된다. 이쯤 되면 골퍼는 현재 스코어를 유지하고 싶은 마음에 지키는 플레이를 하기 쉽다. 하던 대로 하지 못하고 소심한 플레이로 바뀌는 것이다.

지키는 플레이가 좋지 않은 이유는 오로지 미스 샷을 하지 않기 위한 마음으로 집중되기 때문이다. 그러면 더 정확한 동작에 신경 쓰면서 자신도 모르게 힘이 들어간 스윙이 나오고 오히려 미스 샷의 가능성이 커진다. 골프에서는 약간의 심경 변화에도 전혀 다른 샷이 나올 수 있다. 그러므로 골퍼는 언제나 한결같은 마음을 유지해야 한다.

066

쇼트 퍼팅을 롱 퍼팅처럼 하라

골퍼들은 쇼트 퍼팅을 할 때 으레 '반드시 넣어야 한다' 는 강박관념을 갖곤 한다. 그 이유는 실패하면 왠지 모르게 큰 손해를 보는 듯한 느낌이 들기 때문이다. 200m 넘는 거리도 한 번에 왔는데, 고작 이 짧은 퍼팅을 놓쳐 한 번 더 쳐야 한다는 사실이 매우 못마땅한 것이다.

하지만 무슨 일이든 '반드시'라는 마음을 가지면 긴장감만 높아지기 마련이다. 자칫 실수해서 당연히 들어 간다고 생각한 퍼팅이 들어가지 않는다면 골퍼는 자책, 분노, 후회, 아쉬움 등의 부정적 정서에 휩싸이고, 이는 집중력이 떨어지는 요인이 된다. 또한 불필요하게 타수를 잃었다는 피해의식으로 본전 심리가 발동한다. 그러면 만회를 위해 다음 홀에서 무리한 공략을 하기 쉽고, 무리한 공략은 더 큰 타수를 잃도록 만든다.

반면 롱 퍼팅을 할 때는 어떠한가? 우리는 롱 퍼팅을 할 때 반드시 넣어야 한다는 마음을 갖지 않는다. 왜냐하면 롱 퍼팅은 100% 성공할 수 없음을 당연하게 받아들이기 때문이다. 골퍼는 공이 홀에 근접한 것만으로도 만족해한다. 그래서 홀인에 실패했어도 자책하지 않고, 분노하지 않는다. 후회할 필요도 없고, 아쉬워할 필요도 없다. 쇼트 퍼팅을 할 때도 이와 같은 태도여야 한다.

쇼트 퍼팅에 대한 골퍼의 태도는 골프 멘탈을 결정짓는 바로미터와 같다. 왜냐하면 쇼트 퍼팅은 라운드를 할 때마다 늘 맞이해야 하는 일이기 때문이다. 쇼트 퍼팅에 대해 좋은 사고방식을 갖지 못한다면 게임은 언제나 불만족일 수밖에 없다. PGA 투어 8승을 기록한 최경주 선수도 "들어갈 확률 50%, 안 들어갈 확률 50%라고 생각하며 퍼팅을 한다"고 말한다.

올바른 거리 체크 방법은 자신의 눈에 있다.

우리 눈은 타깃을 바라보는 순간 이미 거리 계산을 끝낸다.

홀까지 오르막인지, 내리막인지 혹은 세게 쳐야 할지, 약하게 쳐야 할지,

공 앞에 다다르기 전에 우리 뇌는 이미 감지하고 있다는 뜻이다.

067

성공률 90%일 때 시도하라

골퍼는 라운드 중 수많은 선택의 갈림길에 서곤 한다. 해저드를 넘겨야 할지, 도그랙 홀에서 질러서 쳐야 할지, 깃대를 바로 공략해야 할지, 어프로치 샷을 높게 쳐야 할지, 트러블 샷에서 비좁은 나무 사이로 공을 쳐야 할지 등 도전해야 할지 말아야 할지 망설이게 되는 경우가 생기는 것이다.

어떤 골퍼는 비거리를 뽐내기 위해 위험을 무릅쓰기도 하고, 어떤 골퍼는 버디에 눈이 멀어서 무조건 직진한다. 또 어떤 골퍼는 체면과 자존심 때문에 한발 물러서는 전략을 선택하지 못한다. 모두 감정과 기분에서 비롯된 선택이다. 이런 선택을 하는 골퍼는 자신이 얼마나 무모한 플레이를 하는지 깨닫지 못한다. 점수를 까먹기 딱 좋은 전략이다.

성적을 잘 내기 위해서는 감정과 기분에 따른 플레이를 해서는 안 된다. 한순간의 선택이 평생을 좌우할 수 있듯이 필드에서 한 번의 실수는 라운드 전체를 망가뜨릴 수 있다. 왜냐하면 공격적인 플레이로 점수를 잃으면 또다시 만회를 위해 공격적인 플레이를 반복하기 때문이다. 골퍼는 결국 점수를 잃어가는 악순환에 빠진다.

따라서 골퍼는 전략적인 측면에서 발생할 수 있는 실수를 최소화해야 한다. 이를 실천하기 위해서는 확실한 공략이 우선되어야 한다. 그것은 바로 10번 중 9번 성공할 수 있는 전략을 따르는 것이다. '돌다리도 두드려보고 건너라'라는 속담이 있듯이 안전한 방법이 전체 스코어를 줄일 수 있는 가장 지혜로운 전략이다.

068

PERFECT MENTAL

절차를 단순화하라

퍼팅을 하기 위해서는 많은 절차를 거쳐야 한다. 가령 ①
경사 파악 ②거리 체크 ③조준 등이 그것이다. 이때 골퍼
들은 각각의 절차를 난순화해서 진행해야 한다. 복잡해
질수록 시간만 더 소비되기 때문이다.

첫 번째, 경사 파악을 할 때 복잡한 방식을 사용하는
골퍼는 공 뒤에서 보고, 앞에서도 본다. 그것도 모자라면
측면에서 보고 반대쪽 측면에서도 본다. 다시 공 뒤로 오
면 한 손으로 퍼터를 든 후 한쪽 눈을 감고 경사를 계측
한다. 그것도 모자라면 손가락 두세 개를 눈앞에 두고 에
임포인트aimpoint를 찾는다. 이에 반해 단순한 방식을 사

용하는 골퍼는 공 뒤에 서서 그저 홀을 바라볼 뿐이다.

두 번째, 거리 체크를 할 때 복잡한 방식을 사용하는 골퍼는 공에서 홀까지 발걸음을 센다. 그것도 미심쩍으면 공으로 되돌아갈 때 다시 센다. 가끔은 기껏 세놓았던 발걸음 수를 잊어버려 자책과 함께 재차 발걸음을 옮긴다. 이에 반해 단순한 방식을 사용하는 골퍼는 그저 홀을 바라볼 뿐이다.

세 번째, 조준할 때 복잡한 방식을 사용하는 골퍼는 공의 라인을 맞추거나 땅 앞에 무언가를 설정한 후 조준을 시도한다. 하지만 막상 공을 칠 때 방향이 의심되면 어드레스를 풀고 처음부터 다시 한다. 이에 반해 단순한 방식을 사용하는 골퍼는 아무런 장치 없이 그저 눈이 바라보는 대로 몸을 움직일 뿐이다. 절차가 복잡해지면 골퍼의 마음만 조급해지며, 동반자의 눈살을 찌푸리게 한다. 기억하라. 절차가 단순할수록 퍼팅 실력은 향상된다.

069

티샷은 살아만 있으면 된다

첫 홀 티샷은 골퍼라면 누구나 긴장하기 마련이다. 프로 통산 95승을 기록한 아니카 소렌스탐도 마찬가지였다. 그녀가 긴장감을 극복하기 위해 첫 번째로 한 일은 첫 홀에서의 초조함을 당연하게 받아들이는 것이었다. 그리고 티샷을 어디로 보내야겠다는 계획보다는 어디에 떨어지든 그곳이 오늘 경기의 시작이라고 생각했다. 다른 홀에서는 계획에 따라 플레이했지만 첫 홀 만큼은 그렇지 않았다.

소렌스탐은 긴장감이 클수록 공이 어떻게 튈지 모른다는 것을 잘 알고 있었기 때문에 완벽한 티샷을 바라지 않았고, 공이 '살아만 있으면 된다'는 생각을 가졌다. 세계 최고의 선수라고는 믿기지 않을 정도의 겸손함이다. 그녀는 긴장감 속에서도 잘 해낼 것이라 생각했으며, 누구도 건드릴 수 없는 공기 방울 속에 있다고 상상하면서 프리샷 루틴에 집중했다.

이렇듯 골퍼들이 첫 홀 티샷에서 유독 긴장하는 이유는 아직은 몸이 풀리지 않아 정상적인 샷 감을 가질 수 없고, 이로 인해 오늘 라운드에 대한 자신감을 갖지 못한 상태이기 때문이다. 이런 상태에서는 몸에 힘이 들어가기 쉽고, 의식적인 샷이 되기 쉬우므로 티샷이 어떻게 되더라도 인정하는 마음이 필요하다. 미스 샷이 나와도 감정적이지 않아야 한다.

첫 홀 티샷의 성공 확률을 높이기 위해서는 비거리가 조금 덜 나가더라도 가벼운 마음으로 부드러운 샷을 구사하는 것이 좋다. 첫 홀부터 OB가 나거나 심한 미스 샷을 치게 되면 라운드 초반부터 샷에 대한 자신감을 잃어 라운드를 망칠 수도 있다. 행여 첫 홀부터 비거리를 뽐내고자 한다면, 그것은 점수를 잃는 지름길이 될 것이다.

성적을 잘 내기 위해서는

감정과 기분에 따른 플레이를 해서는 안 된다.

한순간의 선택이 평생을 좌우할 수 있듯이

필드에서 한 번의 실수는

라운드 전체를 망가뜨릴 수 있다.

070

'지나가게 친다'라는 생각을 버려라

퍼팅에서 가장 흔한 격언은 아마도 '네버 업, 네버 인 Never up, never in'일 것이다. 그것은 짧게 친 퍼팅은 들어갈 수 없으니 항상 지나가도록 쳐야 한다는 의미이다. 얼핏 보기에 이 말은 틀리지 않았다. 지금 이 한 번의 퍼팅에서 오직 들어가야 한다는 결과만 생각한다면 그렇다. 하지만 18홀 전체를 생각하면 이 말은 적절치 않다.

우선 18홀 전체 퍼팅 수를 낮추기 위해서는 첫 번째 퍼팅에 실패했을 때 두 번째 퍼팅에서는 되도록 실패하지 않아야 한다. 이를 위해서는 첫 번째 퍼팅이 홀을 지나가든 지나가지 않든 두 번째 퍼팅이 부담 없는 거리로 남아야 한다. 다시 말해 홀인하는 데 큰 어려움이 없어야 한다는 말이다. 하지만 지나가야 하는 퍼팅은 이 점을 충족시키지 못할 때가 있다.

왜냐하면 '지나가야 한다'라는 생각이 추가된 퍼팅은 보이는 만큼의 적절한 힘이 사용되지 못하고 필요 이상으로 세게 치는 경우를 만들기 때문이다. 게다가 다음 퍼팅에 또다시 '지나가게 치자'라는 생각과 함께 실패한다면 골퍼의 마음은 걷잡을 수 없는 소용돌이 속으로 빠지게 될 것이다. 4퍼팅, 5퍼팅 등 치명적인 실수가 한 번이라도 나오면 골퍼는 감정조절에 실패해 결국 경기를 망칠 수도 있다.

지나가게 치려는 의식적인 퍼팅은 단 한 번의 퍼팅 성공 확률을 높일 수는 있지만, 동시에 실패했을 때 다음 퍼팅에서의 성공 확률을 낮춘다. 이 둘의 상황을 모두 충족시킬 수 있는 방법은 퍼팅마다 딱 맞는 거리감을 목표로 하는 것이다. 이 말은 지나가지 않아도 홀인이 가능하고, 행여 짧더라도 자책할 필요가 없다는 의미이다.

071

모든 샷을 트러블 샷처럼 하라

트러블 샷이란 지형이나 장애물로 인해 정상적으로 할수 있는 모든 샷을 일컫는다. 가령 오르막, 내리막 경사, 혹은 발보다 높은 공, 발보다 낮은 공, 벙커나 러프에서의 샷, 나무 밑이나 숲속에서의 샷, 디보트에 있는 공 등등. 골퍼들은 으레 트러블 샷을 꺼리고 어려워한다. 특히 스윙으로 고민이 많거나 경직된 스윙을 가진 골퍼에게는 더욱 어렵다.

하지만 아이러니하게도 트러블 샷을 좋아하는 골퍼도 있다. 그들은 공이 놓인 상황을 비관하거나 불평하지 않는다. 오히려 창의력을 발휘할 수 있는 찬스로 여기며 상황을 흥미롭게 받아들인다. 그들이 트러블 샷을 좋아하는 이유는 자신만의 아이디어로써 자유롭게 놀 수 있기 때문이다. 이는 마치 자신에게 주어진 퍼즐을 해결해 나가는 즐거움과도 같다.

또 어떤 골퍼들은 트러블 샷이 쉽다고 이야기한다. 그들은 말하기를 스윙 메커니즘 따위에 얽매일 필요 없고, 수단과 방법을 가리지 않아도 되니 오히려 마음이 편하다고 한다. 또한 오로지 공을 어디로 보낼지에만 집중할 수 있다고 이야기한다. 이 말을 해석하자면 본능적, 반응적, 무의식인 동작을 통해 타깃에 집중하는 골프가 자연스레 실현되고 있음을 뜻한다. 이렇게 곤경에서 탈출하여 좋은 결과를 만들어내면 그 기쁨은 두 배가 된다.

골퍼는 모든 샷에서 이와 똑같은 마인드가 필요하다. 그것은 상황이 어떻더라도 긍정적인 마음을 갖는 것, 창의력을 발휘하는 것, 두려움에 맞서는 것, 도전적인 마음을 갖는 것 그리고 오로지 타깃에만 집중하는 마음이다. 이는 바로 골프의 본질에 충실한 마음이다.

072

다음 퍼팅을 생각하지 마라

'내일 일을 위하여 염려하지 말라. 내일 일은 내일 염려할 것이요, 한 날 괴로움은 그날로 족하니라.' 성경의 마태복음 6장 34절 구절이다. 이처럼 사람들은 일어나지도 않은 내일의 일을 불필요하게 걱정하는 경향이 있다.

어떤 골퍼들은 퍼팅할 때 다음 퍼팅을 염두에 둔다고 한다. 마치 지혜로운 골퍼나 두뇌 플레이어인 양 '오르막 퍼팅을 남기자', '슬라이스 퍼팅을 남기자', '자신이 좋아하는 퍼팅을 남겨둔다'고 말한다. 이들은 치밀하게 계획하는 것이 실력자의 골프라고 착각한다.

하지만 다음 퍼팅에 대한 생각은 지금 퍼팅에 대한

방해가 될 뿐이다. 이 퍼팅을 잘해서 홀인이 되면 다음이 무슨 의미가 있겠는가? 다음을 생각하는 퍼팅은 미래의 실패를 염두에 둔 것으로써 지금 이 순간의 온전한 집중이 아니다. 또 다른 측면에서는 퍼팅에 대한 자신감이 없다는 뜻이다. 그렇지 않고서야 다음 퍼팅을 생각할 이유는 없다.

어떤 골퍼는 '다음 퍼팅을 생각하지 않으니까 이렇게 어려운 퍼팅이 남지 않느냐'며 반문한다. 어리석은 생각이다. 어려운 퍼팅이 남지 않도록 거리감이 딱 맞는 퍼팅을 하면 될 일이다. 그러면 홀인이 되지 않더라도 손쉬운 퍼팅을 할 수 있다. 행여 좀 어려운 퍼팅이 남더라도 또다시 주어진 퍼팅에만 몰두하면 된다.

골퍼는 모든 샷에서 이와 똑같은 마인드가 필요하다.
그것은 상황이 어떻더라도 긍정적인 마음을 갖는 것,
창의력을 발휘하는 것, 두려움에 맞서는 것,
도전적인 마음을 갖는 것
그리고 오로지 타깃에만 집중하는 마음이다.

073

PERFECT MENTAL

자연스러운 구질을 추구하라

타이거 우즈의 경기를 보다 보면, 장애물을 피하기 위한 다양한 구질을 볼 수 있다. 오른쪽에서 왼쪽으로 휘는 구질, 왼쪽에서 오른쪽으로 휘는 구질, 때로는 높게, 때로는 낮게. 그야말로 그림 같은 샷으로 온 그린에 성공한다. 바람이 부는 상황에서는 바람을 이기는 샷을 구사하여 공을 똑바로 보내기도 한다.

　타이거 우즈는 마치 골프 고수가 되려면 이 정도쯤은 기본이라고 말하는 듯하다. 이를 지켜본 보통의 골퍼들도 같은 생각을 한다. 물론 고수가 되려면 적어도 연습장에서는 이렇게 할 수 있어야 한다. 공을 가지고 놀면서 구질 샷을 다양하게 할 수 있는 것은 스윙을 이해하고 있다는 증거이기 때문이다.

하지만 부득이한 경우가 아니라면 실전에서의 기술 샷은 제한적으로 시도되어야 한다. 왜냐하면 기술 샷의 시도는 미스 샷의 확률을 더 높이기 때문이다. 기술 샷을 구사하기 위해서는 우선 기존의 셋 업이 바뀌어야 하고, 스윙 동작이 평소와 달라져야 한다. 이러한 변화에서 오는 가장 큰 문제점은 바로 '의식의 뇌'가 쓰인다는 점이다. 의식적인 동작은 서투름을 의미하고, 그것은 곧 미스 샷을 의미한다.

게다가 필드에서 샷을 할 때는 단 한 번의 기회로 성공해야 한다는 압박이 있다. 그 압박은 몸에 힘이 들어가게 만든다. 다시 말하자면 연습장에서 하는 샷보다 내기 골프나 시합 상황에서는 실수의 확률이 더욱 높아진다는 이야기다. 그러면 페이드가 슬라이스가 되고, 드로우가 훅이 되어버린다. 골퍼는 상황에 따라 멋을 부리기보다는 가장 실수를 덜 할 수 있는 전략을 따라야 한다. 이것이 점수를 잃지 않는 현명한 선택이다.

074

PERFECT MENTAL

처음 본 퍼팅 라인을 선택하라

그린 경사를 파악하는 능력은 퍼팅을 잘하기 위한 첫 번째 요소이다. 아무리 좋은 스트로크를 가졌다 하더라도 그린 경사를 잘못 파악하면 퍼팅에 성공할 수 없다. 경사를 잘 파악하기 위해서는 우선 다양한 그린에서 경험을 쌓아야 한다. 슬라이스, 훅, 오르막, 내리막, 더블 브레이크 등 많이 쳐본 사람이 잘하기 마련이다.

경사를 파악하는 능력이 중요한 만큼 골퍼마다 그 방법도 여러 가지다. 어떤 골퍼는 쭈그려 앉아 망원경을 사용하듯 손을 모으기도 하고, 퍼터를 눈앞으로 치켜들기도 한다. 또 어떤 골퍼는 그린에 바짝 엎드리기도 하고,

또 어떤 골퍼는 한쪽 눈을 감은 채 팔을 뻗어 손가락을 몇 개씩 치켜올려 홀을 바라보기도 한다.

어떤 방법이든 가장 중요한 것은 퍼팅 라인에 대한 믿음을 갖는 것이다. 믿음이 없으면 동작이 신중해지고, 라인 선택을 망설이다 시간만 보내게 된다. 그러면 라인 선택을 잘했다가도 반복된 확인 동작으로 인해 결국 틀린 라인을 선택한다. 라인 선택에 믿음을 갖기 위해서는 지나치게 확인하는 동작을 삼가야 한다.

이를 실천하기 위해서는 처음 본 라인을 선택하는 것이 좋다. 골퍼의 뇌는 그린에 올라오는 순간 이미 경사 파악을 시작한다. 계산적인 방법보다 직관적인 방법으로 시행착오를 겪을 때 그 믿음은 강화된다. 그것이 본능적이고 반응적인 퍼팅 방법이다. 당장 홀인이 되지 않더라도 꾸준히 시도하다 보면 머지않아 자신의 퍼팅 능력에 놀랄 날이 올 것이다.

075

어프로치 샷의 확률을 높여라

어프로치 샷의 종류는 보통 공이 날아가는 높이에 따라 나뉜다. 가장 높은 탄도 순서대로 예를 들어보자면 로브 lob 샷 혹은 플롭flop 샷, 피치pitch 샷, 피치 앤드 런pitch and run, 칩chip 샷의 순서이다. 칩 샷에도 칩 앤드 런chip and run이 있고 그냥 러닝running이 있다.

골퍼가 어떤 샷을 선택해야 하는지는 주어진 상황에 따라 달라진다. 하지만 이 중에서 좋은 임팩트가 나올 수 있는 확률이 가장 높은 샷을 꼽자면 아무래도 탄도가 가장 낮은 샷이다. 다시 말해 로프트loft가 가장 작은 클럽을 사용하는 샷이 가장 안전하다는 뜻이다. 그러면 로브 샷보다는 피치 엔드 런이 안전할 것이고, 칩 엔드 런 보다는 러닝이 안전하다.

하지만 어떤 골퍼들은 이러한 개념과 구분 없이 무턱대고 띄우는 샷만 하려 든다. 띄우는 것은 템포와 타이밍이 적절하게 맞아떨어져야 성공률이 높아진다. 이는 상대적으로 어렵다는 뜻이다. 또 어떤 골퍼들은 한 가지 클럽으로만 어프로치 샷을 한다. 이 경우에는 적재적소에 필요한 탄도를 만들어내기가 어렵다.

어프로치 샷의 성공 확률을 높이려면 즉, 거리감을 잘 맞추기 위해서는 낮은 탄도의 어프로치 샷부터 고려해야 한다. 벙커나 둔덕과 같은 장애물로 인해 낮은 탄도의 샷이 어려우면, 그때 비로소 띄우는 전략이 필요하다. 어프로치 샷은 확률을 다루는 게임이다. 가장 확률이 높은 어프로치 샷은 그린 주변에서 퍼터를 사용하는 것이다.

골퍼의 뇌는 그린에 올라오는 순간 이미 경사 파악을 시작한다.

계산적인 방법보다 직관적인 방법으로 시행착오를 겪을 때

그 믿음은 강화된다.

그것이 본능적이고 반응적인 퍼팅 방법이다.

076

퍼팅은 자신감으로 한다

사람들은 골프를 처음 시작할 때 퍼팅을 가장 쉽게 생각하는 경향이 있다. 왜냐하면 풀 스윙에 비해 훨씬 간단한 동작이기 때문이다. 하지만 구력이 쌓이다 보면 퍼팅의 어려움을 토로하기 시작한다. 그 시기는 기대치만큼 성공률이 나오지 않을 때이다. 통계에 따르면 미국 PGA 투어의 퍼팅 성공률은 1.5m에서 50% 정도, 3m에서 20~30%, 10m는 고작 5% 내외이다.

이 수치는 1.5m에서 두 번 중 한 번, 10m에서는 10번 중 간신히 한 번 들어갈까 말까 하는 확률이다. 이 말은 골퍼들이 퍼팅에서 실패를 자주 겪고 있다는 의미이다. 이처럼 골퍼들이 쏟아지는 실패에 무방비로 있다간 자신감을 가졌다 하더라도 유지하기가 쉽지 않다. 골퍼는 라운드를 나가기 전 퍼팅 그린에서 자신감을 유지하기 위한 각별한 노력을 기울여야 한다.

첫 번째, 성공하는 퍼팅을 많이 보고 실패하는 퍼팅은 보지 않는다. 이를 위해 라운드 나가기 직전에는 짧은 거리 혹은 경사가 심하지 않은 곳과 같이 쉽게 성공할 수 있는 퍼팅으로 연습을 마무리한다. 또한 실패한 퍼팅을 보지 않기 위한 방법으로는 롱 퍼팅 연습을 할 때 홀을 타깃으로 삼는 것이 아니고, 그린의 가장자리를 타깃으로 한다.

두 번째, 연습의 목표는 방향보다 거리감이다. 실전에서는 방향에 대한 확신보다 거리감에 대한 확신이 있을 때 자신감을 얻기 쉽고, 거리감을 잘 맞추었을 때 다음 퍼팅에 대한 성공률이 더욱 높다. 거리감을 높이기 위한 연습법으로는 홀을 보면서 퍼팅하기, 눈 감고 퍼팅하기, 오른손 한 손으로 퍼팅하기오른손잡이의 경우 등이 있다.

077

인내심을 가져라

골퍼에게 요구되는 필수 덕목 중 하나는 인내심이다. 그 것은 좁은 의미에서의 인내심과 넓은 의미에서의 인내심이 있다. 먼저 좁은 의미의 인내심은 경기 중에 발휘해야 하는 인내심이다. 그것은 실수가 나오더라도 침착함을 잃지 않는 태도, 경기가 잘 풀리지 않더라도 경기 흐름을 유지하는 마음이다. 골퍼는 으레 점수를 잃으면 조급해지고, 즉각적인 만회를 시도하기 때문이다.

특히 선수라면 인내심은 더욱 필요하다. 선수들은 버디가 나오지 않으면 답답한 마음을 누르지 못하고 오직 버디를 위한 플레이에 몰두하기 쉽다. 그러면 위험을 무릅쓰고 더 멀리, 더 가깝게 붙이기 위해 애쓴다. 이런 전략으로는 점수를 잃을 확률만 높아진다. 선수들은 인내심을 발휘하여 버디를 기다리고 또 기다려야 한다.

두 번째로 넓은 의미에서의 인내심은 골프 전체에 관한 마음이다. 골퍼들은 레슨을 받거나 훈련을 한 후에는 즉각적인 실력 향상을 기대한다. 하지만 그것은 생각한 만큼 되지 않는다. 이럴 때 골퍼들은 '나와 맞지 않은 운동이다' 혹은 '어려운 스포츠다'라는 생각과 함께 포기를 고민한다. 이들은 '골프는 실수의 게임'이라는 점을 잊고 있는 것이다.

골프에서 필요한 감각은 단시일에 만들어지지 않는다. 긴 세월 속에 꾸준한 시행착오가 있어야 하며, 때로는 온 길을 다시 거슬러 가는 듯한 느낌이 들기도 한다. 때로는 슬럼프를 겪기도 하고, 변화가 필요할 때도 있다. 이 모든 상황에 인내심이 없다면 극복하기가 쉽지 않다. 고진감래苦盡甘來라는 말이 있듯이 인내심 끝에 행복한 골프가 올 것이다.

078

결단하고 플레이하라

골퍼는 라운드 중 수많은 고민을 한다. '7번을 칠까, 8번을 칠까?' 클럽 선택을 고민한다. '잘라 갈까, 바로 갈까?' 공략을 고민한다. '다 칠까, 덜 칠까?' 힘의 세기를 고민한다. '풀어 칠까, 잡고 칠까?' 스트로크의 방법을 고민한다. '좀 더 볼까, 보지 말까?' 그린 경사를 고민한다. 이때 골퍼는 최적의 선택을 해야 하며 그것은 곧 성적과 직결된다.

하지만 더러는 확실한 결단 없이 샷을 하는 경우가 있다. 시간의 압박을 느껴 샷 준비를 급하게 하는 경우도 있고, 자신감 부족으로 망설일 수도 있다. 어쩌면 우유부

단한 성격으로 결정 장애를 가지고 있을지도 모른다. 이렇게 결단 없이 샷을 하게 되면 미스 샷의 확률만 높아진다.

미스 샷의 확률이 높아지는 이유는 골퍼의 머릿속에 구체화된 샷 이미지가 없기 때문이다. 좋은 샷은 자신이 원하는 샷을 상상하고, 그 상상에 의해 반응한 동작으로 나온다. 하지만 결단이 되지 않은 샷은 그러한 상상과 반응의 과정이 생략된 상태이므로 골퍼는 자신이 하는 샷에 확신을 가질 수 없다. 이 순간 골퍼의 솔직한 마음은 '뭐 어떻게 되겠지!' 하는 운에 맡기는 심정이다.

샷 이미지가 명확하지 않으면 마치 김빠진 콜라처럼 어정쩡한 샷이 나오기 쉽다. 따라서 골퍼는 샷을 할 때마다 단호한 결단력이 있어야 한다. 설령 그 결단이 올바르지 않더라도, 혹은 그 결단이 최적의 선택이 아니었더라도 결단만큼은 단호해야 한다. 왜냐하면 결단 없는 샷에서 더 큰 미스 샷이 나올 수 있기 때문이다.

골퍼는 샷을 할 때마다 단호한 결단력이 있어야 한다.

설령 그 결단이 올바르지 않더라도,

혹은 그 결단이 최적의 선택이 아니었더라도 결단만큼은 단호해야 한다.

왜냐하면 결단 없는 샷에서 더 큰 미스 샷이 나올 수 있기 때문이다.

079

방향과 속도를 동시에 느껴라

퍼팅한 공이 홀에 들어가기 위해서는 방향과 속도가 적절하게 배합되어야 한다. 경사가 없는 퍼팅이라 할지라도 너무 강하거나 너무 약하면 공은 들어가지 않는다. 경사진 곳에서는 더 적절한 배합이 필요하다. 공의 속도가 빠를수록 경사를 덜 봐야 하고, 속도가 느릴수록 더 많이 봐야 한다. 방향과 속도 중 어느 한쪽만 잘못되어도 퍼팅은 성공할 수 없다.

방향과 속도의 적절한 배합을 위해서는 퍼팅을 준비하는 과정에서 방향과 속도의 선택이 분리되어서는 안된다. 가령 '방향은 결정됐으니 거리감속도만 맞추면 된다'는 식의 퍼팅이 되어서는 안 된다. 홀인을 위한 방향과 속도의 배합 즉, 퍼팅 라인의 선택 과정은 골퍼의 전체적이고 통합적인 감에 의해 이루어져야 한다.

하지만 대부분의 골퍼는 방향과 속도를 분리해 사용한다. 예를 들어 '캐디가 알려준 방향에 나는 거리감을 맞춘다'는 식이다. 하지만 캐디는 플레이어가 느끼는 방향과 속도의 배합을 알 수 없다. 이미 고정된 방향에서는 그린에 라인을 그리는 골퍼의 직관이 발동되지 않는다. 골퍼는 백스윙을 시작하는 순간까지 방향 설정을 위해 발을 움직여야 하며, 동시에 거리감도 움직여야 한다.

조준할 때 볼에 인쇄된 라인이나 화살표 또는 볼 라이너로 그은 라인을 사용하는 경우도 마찬가지이다. 이렇게 미리 방향을 맞추어 놓는 방법이 논리적이고 타당하며 더 정확한 방법이라 생각될 수 있지만, 이 방법 역시 방향과 속도는 분리된다. 골퍼의 감은 방향과 속도의 즉흥적인 배합으로 작동된다. 따라서 퍼팅 라인을 선택할 때는 오로지 자신의 감각으로 결정해야 하며, 조준할 때는 공을 하얗게 놓아둔 채 퍼팅을 시도해야 한다.

080

스코어 카드를 보지 마라

라운드 중 자신의 현재 스코어를 생각하며 플레이하는 것은 한 점 의심할 나위 없이 당연해 보인다. 오늘 성적을 예측해보기도 하고, 베스트 스코어를 기록할 수 있을지 가늠해보기도 한다. 선수라면 예선 통과가 가능한 스코어인지, 선두와 몇 타 차인지 계산해보기도 한다.

하지만 이처럼 스코어에 대한 관심은 여러모로 게임에 대해 부정적인 영향을 끼친다. 현재 시점에서 성적이 좋지 않다고 판단되면 골퍼는 점점 버디에 대한 욕심이 커져 무리한 공략을 하기 쉽고, 반대로 성적이 좋으면 지키는 플레이로 소심한 경기를 하기 쉽다. 이렇게 전략이 왔다 갔다 하는 상황에서는 오히려 조급함과 함께 집중력이 떨어진다.

멘탈적으로 성공적인 경기를 하기 위해서는 성적에 관심을 최소화해야 한다. 매홀 스코어 상황에 따라 전략이 바뀌지 않아야 하고, 전반 9홀을 돌고 난 후 성적을 계산하지 않아야 한다. 설령 캐디나 동반자에 의해 자신의 성적을 확인했다 하더라도 그것은 단지 숫자일 뿐 의미를 두지 않아야 한다.

프로 경기에서 우승한 선수들의 인터뷰를 들어보면 종종 나오는 이야기가 있다. 그것은 18번 홀 그린에 올라올 때까지 내가 몇 등을 하고 있었는지 혹은 몇 타를 치고 있었는지 몰랐다는 내용이다. 그만큼 성적에 관한 관심보다 샷 하나하나에 집중했다는 이야기다. 이는 결과보다 과정에 집중했다는 뜻이며, 그래서 우승을 거머쥘 수 있었던 것이다.

5

자존감과 멘탈 관리

PERFECT MENTAL

자존감은 삶과 골프 멘탈의 뿌리이다.

삶에서는 행복, 골프에서는 감각 게임을 가능케 해준다.

꾸준한 멘탈 관리로써 자존감을 높일 때 행복한 골프가 실현된다.

081

자존감을 회복하라

자존감은 자신에 대한 긍정적인 느낌이며, 스스로를 사랑하고 존중하는 마음이다. 자존감이 있는 사람은 자신에게 부족한 점과 단점이 있더라도 그것을 고치는 일로써 삶을 채우지 않고, 그런 자신을 비관하지 않는다. 또한 타인과 비교하지 않고, 타인에게 의존하지 않으며, 타인의 시선에 얽매여 살지 않는다. 그야말로 이 세상을 살아가기 위해 '있는 그대로의 나'로서 충분함을 느끼는 마음이다.

자존감은 골프 심리의 핵심을 이룬다고 해도 과언이 아니다. 자존감이 낮은 골퍼는 남들이 좋다고 하는 스윙을 따라 하기 바쁘고, 자신의 스윙에서 단점과 결점을 찾아내기 바쁘며, 마치 땜질하듯 스윙 고치는 일에 바쁘다. 이것은 마치 미스코리아 출신의 여성이 외모에 만족하지 못하고 시종일관 성형외과를 기웃거리는 것과 다를 바 없다.

낮은 자존감을 가진 골퍼는 미스 샷이 나오면 자신의 능력과 환경을 탓하고, 미스 샷 하나에 비관하며 좌절한다. 그리고 또다시 미스 샷을 칠까 봐 걱정하고, 잘한 샷보다 미스 샷을 더 기억하기 위해 애쓴다. 이것은 마치 우울증에 시달리는 TV 속 연예인이 자신의 처지를 비관하며 전전긍긍 살아가는 것과 다를 바 없다.

또한 낮은 자존감을 가진 골퍼는 레슨을 받지 않거나 연습을 하지 않으면 불안해하며, 스윙을 찍어보지 않으면 불안해한다. 또한 공이 조금만 삐뚤게 가거나 컨디션이 조금만 좋지 않아도 불안해한다. 휴식할 때도 마음 편히 쉬지 못한다. 이것은 마치 건장한 사내가 언제 죽을까 겁이 나 집 밖에 나갈 엄두를 내지 못하는 것과 다를 바 없다.

082

스코어를 정해놓고
플레이하지 마라

골퍼들은 보통 라운드 시작 전, 스코어에 대한 목표를 설정하곤 한다. 가령 '100타를 깨는 것이 목표다', '싱글 한 번 쳐보자', '베스트 스코어를 깨보자' 등등. 선수의 경우라면 '언더파가 목표다', '예선 통과를 하려면 몇 타는 쳐야 한다' 등등. 사실 성적에 대한 목표는 도전 정신과 의욕적인 태도를 만드는 순기능을 가지고 있다.

하지만 순기능이 전부는 아니다. 몇 타를 쳐야겠다는 목표는 플레이 중 스코어에 민감하게 반응하겠다는 다짐과 같다. 점수에 목표를 둔 골퍼는 우선 전반에 몇 개, 후반에 몇 개의 보기까지 허용할 수 있는지를 체크한다. 그리고 보기의 개수를 세어가며 플레이한다. 스코어에 대한 생각이 머릿속을 떠날 수 없는 멘탈이다. 결국 과정에 집중한 골프가 되지 못한다.

골프 성적은 몇 타를 치겠다고 다짐한다고 달성되는 것이 아니다. 오히려 다짐할수록 스코어는 반대로 가기도 한다. 골프가 마음먹은 대로 성적이 나오는 게임이었다면 아마도 골프를 못하는 사람은 없을 것이다.

진인사대천명盡人事待天命이라는 말이 있다. '사람이 할 수 있는 대로 최선을 다하고 하늘의 뜻을 기다린다'는 의미가 담겨있다. 골퍼는 필드에서 자신이 해야 할 일에 최선을 다해 집중하고, 결과는 하늘의 뜻에 맡겨야 한다. 오늘 어떤 경기가 펼쳐질지, 어떤 성적이 나올지 모든 경우의 수를 받아들이고자 하는 마음을 가져야 한다. 스코어는 언제나 과정에 집중한 결과일 뿐이다.

083

레슨에 지나치게 의존하지 마라

의존성이 강한 사람들은 다른 사람들이 말해주는 지적이나 조언을 쉽게 넘기지 못하고, 다른 사람의 결정을 쉽게 따라간다. 우리는 이런 사람들을 일컬어 '팔랑귀', '귀가 얇다', '갈대 같다'라는 말을 쓴다. 이들은 어려움에 닥쳤을 때 스스로 해결하기보다는 다른 사람들이 자신의 문제점을 찾아주길 바라고, 해결해주길 바란다.

　이러한 특성을 가진 골퍼는 라운드 나가기 전에 반드시 스윙 점검을 받아야 한다고 생각하고, 샷에 문제가 생기면 스스로 고민하기보다는 다른 사람들을 통해 답을 얻고자 한다. 하지만 일단 라운드에 들어선 골퍼는 게임을 위한 모든 결정을 스스로 해야 하고, 샷 문제도 스스로 해결해야 한다. 누군가 자신을 위해 라운드를 할 때마다 따라다닐 수는 없다.

골프 실력이란 공을 잘 쳐서 좋은 점수를 만들어내는 능력뿐만 아니라 공이 잘 안 맞을 때 스스로 원인을 파악하여 원래 컨디션으로 빠르게 회복하는 능력을 포함한다. 그래야 공이 잘 맞든 안 맞든 자신의 성적을 유지할 수 있다. 만약 이러한 능력이 없다면 코스에서 늘 나오는 미스 샷에 당황하면서 좀처럼 자신의 경기력을 회복하지 못한다.

물론 골프를 처음 배울 때 또는 스윙을 교정할 때는 지도자의 레슨이 필요하다. 하지만 구력이 쌓여도 여전히 맹목적으로 지도자를 찾거나 타인에게만 의존한다면 결국 자기 주도적인 골프가 완성되지 못한다. 골프 실력은 타인으로부터 배우는 것보다 스스로 연구해서 터득할 때 진짜가 된다.

골퍼는 필드에서 자신이 해야 할 일에 최선을 다해 집중하며,

결과는 하늘의 뜻에 맡겨야 한다.

오늘 어떤 경기가 펼쳐질지, 어떤 성적이 나올지,

모든 경우의 수를 받아들이고자 하는 마음을 가져야 한다.

스코어는 언제나 과정에 집중한 결과일 뿐이다.

084

운을 받아들여라

라운드를 하다 보면 예기치 않은 일로 점수를 잃는 상황이 발생한다. 가령 티샷한 공이 디보트 위에 놓인다. 그린을 향해 친 공이 하필 스프링 쿨러에 맞고 OB 구역으로 나가버린다. 벙커에 빠진 공이 발자국 안으로 들어간다. 퍼팅한 공이 스파이크 자국 때문에 방향을 틀어버린다. 이 밖에도 어처구니없는 상황은 많다.

멘탈이 좋지 않은 골퍼는 이와 같은 상황이 매우 불만스럽다. 왜 하필 자신한테 이런 불운이 찾아오는지 짜증이 나기도 하겠지만, 자신의 실력과 상관없이 타수를 잃는 것이 더 억울하다. 이 순간 어떤 골퍼는 공을 슬쩍 건드리고 싶은 충동을 느끼기도 하고, 동반자에게 한 번만 봐달라고 애원이라도 하고 싶어진다. 규칙이 허용된다면 무르고 싶은 심정이다.

자신의 불운이 못마땅한 골퍼는 동반자의 행운도 못마땅하다. 동반자의 티샷이 나무 맞고 살아 들어오면 못내 아쉽고, 동반자의 세컨드 샷이 불규칙 바운드로 핀을 향하면 배가 아프다. 이렇게 나쁜 운, 좋은 운에 감정을 갖는다면 자신의 플레이에 좋지 않은 영향만 미친다. 어떤 이유든 부정적인 감정은 현재 자신의 할 일에 집중하지 못하도록 만든다.

골퍼는 운이 좋든 나쁘든 운조차도 게임의 일부임을 받아들여야 한다. 그것은 누구에게나 공평하게 적용되는 것이고, 기획될 수도 없다. 애당초 자신이 조절할 수 없는 일이라면 무조건 수용하는 것이 가장 현명한 선택이다. 불필요한 감정 소모 없이 맑고 깨끗한 정신상태를 유지할 때 다음 샷을 성공할 확률은 더욱 높아진다.

085

동반자를 의식하지 마라

골프는 축구, 농구, 배구, 테니스, 배드민턴, 탁구 등과 달리 상대 선수와 맞붙어서 경기하지 않는다. 그리고 골프는 움직이지 않는 공을 다룬다. 이 말은 상대방 경기와 상관없이 내 플레이만 잘하면 된다는 뜻이다. 하지만 골퍼들은 동반자의 플레이나 행동에 따라 심리적으로 영향을 받고, 그 영향은 경기 결과에까지 미친다.

가령 동반자보다 비거리가 적게 나가면 더 보내기 위해 애쓴다. 또 어떤 골퍼는 동반자의 멋진 플레이에 위축되어 소심해진다. 또 어떤 골퍼는 동반자가 자신보다 더 좋은 성적을 내면 불편한 마음을 감추지 못한다. 또 어떤 골퍼는 동반자의 미스 샷을 애타게 기다리며 자신의 게임에 집중하지 못한다.

또 어떤 골퍼는 동반자의 플레이 속도가 불만이다. 빨라도 불만이고 느려도 불만이다. 또 어떤 골퍼는 초보자를 만나면 내심 불만스러운 마음과 함께 미스 샷을 연발한다. 또 어떤 골퍼는 처음 만나는 낯선 동반자를 불편해하며 안 하던 실수를 한다. 또 어떤 골퍼는 특정 사람과 만나면 기를 펴지 못한다.

이렇게 골퍼들이 동반자에 따라 제 실력 발휘를 못하는 이유는 정신이 자기에게 집중되지 않고 외부에 있기 때문이다. 그것은 타인으로부터 인정받고 싶은 욕구, 타인에게 지고 싶지 않은 자존심, 타인에게 결점을 보이고 싶지 않은 강박증과 같은 것이다. 모두 미스 샷을 유발하는 심리적 요인이다. 골프는 자신과의 싸움에서 이길 때 진정한 승자가 된다.

086

아이의 마음을 유지하라

어른들은 아이들보다 더 이성적이고, 더 분석적이며, 더 세심하다. 그 이유는 더욱 많은 인생 경험이 있고, 그간 배우고 획득한 지식이 더 많기 때문이다. 또한 일 처리에 대한 집중력, 결과를 예측하는 능력 역시 아이들보다 낫다. 여기까지 보면 자칫 어른들은 모든 면에서 아이들보다 더 뛰어나다는 생각을 할 수 있다. 반면 아이들의 모든 행위는 서툴러 보인다.

하지만 아이러니하게도 이러한 어른들의 성향은 골프에 방해가 되기도 한다. 어른들은 물리학을 스윙에 적용하기 위해 애쓰고, 퍼팅을 잘하기 위해 수학적 사고를 발동시킨다. 때때로 몸에 밴 정치, 경제, 사회, 도덕적 가치는 내기가 걸린 게임에서 복잡미묘한 마음을 만든다. 어른들은 놀러 나와 마음을 다스리기 바쁘다. 또한 어른들의 예측력은 일어나지도 않은 일에 대해 걱정하며 불안감만 키운다.

하지만 아이들을 보라. 분석력이 약한 아이들은 채를 그저 휘두르기 바쁘고, 수학적 사고가 발달하지 않은 아이들은 깊은 생각을 하지 않는다. 또한 정치, 경제, 사회, 도덕적 가치가 몸에 배지 않은 아이들은 단순한 마음으로 공을 향해 달려가기 바쁘다. 예측력이 약한 아이들은 미래에 대해 걱정할 필요도 없다.

아이들은 어른들만큼 신중하지 않다. 게다가 실수를 하더라도 실망하는 법이 없다. 그저 결과에 상관없이 잔디밭에서 뛰노는 것이 좋고, 공을 쳐 날리는 것이 신날 뿐이다. 아이들이 뭘 배워도 빠른 이유는 천진난만한 태도, 단순한 사고, 본능적 태도, 수용성, 무한 긍정, 흥미에 대한 집중과 같은 조건 때문이다. 이것이 그토록 골프를 잘하게 만드는 정신적 능력이다.

아이들이 뭘 배워도 빠른 이유는 천진난만한 태도,
단순한 사고, 본능적 태도, 수용성, 무한 긍정, 흥미에 대한
집중과 같은 조건 때문이다.
이것이 그토록 골프를 잘하게 만드는 정신적 능력이다.

087

신세 한탄하지 마라

골퍼들은 으레 골프를 어려워한다. 골프 친 세월이 수년이 지나도 여전히 마음대로 되지 않는 골프에 신세 한탄을 일삼으며, 때로는 거꾸로 가는 성적에 혀끝을 차기도 한다. 큰맘 먹고 레슨을 받았다 하더라도 코스에만 나가면 거짓말처럼 공은 이상한 곳으로 날아간다. 도대체 골프란 무엇인가 알쏭달쏭할 뿐이다.

사람들은 으레 인생 살아가는 것을 힘겨워한다. 나이가 들어도 여전히 뜻대로 되지 않는 삶에 신세 한탄을 일삼으며, 때로는 거꾸로 가는 통장 잔고에 인생의 쓴맛을 느낀다. 마음먹고 열심히 살아보려 하더라도 거짓말처럼 도로 제자리걸음하고 있는 자신을 발견한다. 도대체 삶이란 무엇인가 알쏭달쏭할 뿐이다.

그렇다. 뭔가 꼬일 대로 꼬여있다. 좀 풀어보려 노력해보면 더 옥죄는 듯하다. 해도 해도 성과를 얻지 못하고 당최 되는 일은 없어 보인다. 친구들과 만나 술 한 잔 기울이며 신세 한탄이나 하는 것으로 그나마 하루의 피로를 삼키고, 오늘 라운드의 좌절감을 삼킬 수 있다. 하지만 여전히 미래에 대한 불안감은 집으로 돌아가는 발걸음을 무겁게 만든다.

이렇게 어영부영하다가는 골프도 인생도 신세 한탄만 하다가 끝날 것이다. 누군가 붙잡고 넋두리를 늘어놓고 싶다면 자신감 없는 자신을 발견하라. 누군가 붙잡고 핑계나 늘어놓고 싶다면 자존감 없는 자신을 발견하라. 우물쭈물하다간 누군가의 들러리 신세만 되고 말 것이다. 넋두리하고 핑계를 찾고 싶다면 그 시간에 가서 공이나 하나 더 치길 바란다.

088

특별한 준비를 삼가라

골프 재미에 흠뻑 빠진 골퍼들은 라운드 가는 날을 손꼽아 기다린다. 필드에 자주 나가지 못하는 주말 골퍼라면 더욱 그렇다. 이런 골퍼들은 며칠 전부터 설레기 시작한다. 설레는 마음은 안 하던 연습을 하도록 만들고, 그동안 받지 않았던 레슨을 받게 만든다. 어떤 골퍼는 며칠 전부터 필드에 나갈 옷을 챙기기도 하고, 클럽을 깨끗이 닦아 놓기도 한다.

시합에 나서는 선수도 마찬가지이다. 시합 전에는 잠이 오지 않는데도 굳이 평소보다 일찍 자려 하고, 고기와 생선 같은 평소 먹었던 음식을 먹지 않는다. 시합이다가올수록 연습량이 많아지고, 더 정확한 스윙 동작을 위해 애쓴다. 친구들과의 만남을 자제하기도 하고, 컨디션 조절이라는 목적으로 몸을 사리는 등 평소와는 사뭇 다른 모습으로 시합을 준비한다.

이러한 행동의 변화는 곧 마음의 변화를 의미한다. 실전을 앞둔 골퍼들은 이와 같은 준비를 당연한 노력으로 여기며 시합을 위한 특별한 마음을 갖는다. 그것은 불필요하게 더 잘하고자 하는 마음을 갖는 것으로써 평상의 마음을 깨는 행위일 뿐이다. 이러한 마음에서는 실수에 대한 불안감만 높아지고, 실망감만 커진다.

골프에서 필요한 감각은 목표를 향해 무심코 돌을 던지듯 하는 것이다. 그것은 아무 생각 없이 젓가락질하듯 일상적이고 무의식적이며 본능적으로 이루어져야 한다. 이때 우리는 동작을 잘하기 위해 특별한 준비를 하지 않는다. 그냥 즉흥적으로 할 뿐이다. 친선 라운드와 내기 라운드 혹은 연습 라운드와 시합 라운드에서 달라지는 행동이 있다면 평상심을 깨고 있는 자신을 발견하라.

089

의무감으로 연습하지 마라

즉문즉설로 널리 알려진 법륜스님에게 한 수행자가 질문을 던졌다. "저는 아이들, 집안일, 바깥일 때문에 방석에 앉아서 하는 수행을 ㅆ순히 하지 못합니다. 이것이 저를 굉장히 화나게 합니다. 수행할 기회를 얻기도 전에 죽게 될까 두렵습니다. 다른 방법으로 수행해보려고 하지만 방석에 앉아서 수행할 수 없는 하루하루가 불안합니다."

이에 법륜스님은 이렇게 대답해주었다. "화가 나는 것은 수행과는 아무 관계가 없는 일입니다. 당신이 지금 불안하고 조급한 상태이기 때문에 생긴 일이지, 수행하고 못하고의 문제가 아닙니다. 당신은 지금 수행에 집착하고 명상에 집착하고 있습니다. 집착을 버리는 것이 수행인데 질문자는 지금 수행의 형식에 집착하고 있습니다."

골프 연습도 이와 마찬가지이다. 재미없는 연습을 의무적으로 하고 있다면 그것은 골프에 대한 집착이며, 연습 그 자체에 대한 집착이다. 아마도 연습이 잘 안된다면 수행을 못 하겠다고 화를 내는 수행자처럼 자신도 화가 치밀 것이다. 그렇다면 무엇 때문에 하고 싶지 않은 연습을 하고 있는가? 그 마음을 들여다봐야 한다.

공이 똑바로 가지 않아 마음이 불편할 수 있다. 스윙이 불만일 수도 있다. 마지막 샷이 맘에 안 들어 집에 가지 못한다. 지난 성적 때문에 잠을 못 이룬다. 또 어떤 것이 마음을 불편하게 만드는가? 마음이 불편해서 하는 연습이라면 몸은 쉽게 지치고, 연습의 효과는 약하다. 스트레스와 함께 흥미는 떨어진다. 연습이 재미없다면 차라리 안 하는 것이 답이다.

골프에서 필요한 감각은 목표를 향해
무심코 돌을 던지듯 하는 것이다.
그것은 아무 생각 없이 젓가락질하듯
일상적이고 무의식적이며
본능적으로 이루어져야 한다.

090

입스는 기술이 아닌 마음의 문제다

최근 골퍼들 사이에 '입스'라는 말이 자주 사용되는 경향이 있다. 미디어가 발달하면서 생소했던 용어가 보편화되고, 극소수의 선수들이 겪는 문제를 마치 자신도 그런 것인 양, 그 의미를 제대로 알지도 못한 채 사용한다. 그들은 샷의 일관성이 떨어지고 원하는 성적이 나오지 않으면 이구동성으로 "입스에 걸린 것 같다"라고 말한다.

이처럼 골퍼가 입스라는 용어를 과하게 사용하는 것도 문제지만, 입스의 원인을 여전히 기술적인 부분에서 찾는 것도 문제다. 어떤 선수는 입스를 고치겠다며 유명하다는 코치를 찾아 순회한다. 때로는 입스를 극복하기 위해 온종일 연습에 매달리지만, 여전히 알 수 없는 미스 샷에 괴로워한다.

이처럼 노력에 비해 제 기량을 발휘하지 못하는 골퍼는 기술적인 부분이 아닌 멘탈적인 부분에서 문제점을 찾아야 한다. 자신감이 떨어지면 불안감이 커지고 집중력이 흐려진다. 불안감은 몸을 경직시켜 미스 샷을 일으킨다. 이런 과정은 보통의 골퍼들이 흔히 겪는 문제이다. 이는 입스가 아닌 그저 멘탈 게임으로써 이해하지 못한 정도라고 이야기할 수 있다.

그렇다면 실제로 입스의 불안 수준은 어느 정도일까? 그것은 극도의 불안감에 휩싸여 정상적인 경기가 안 되는 상황이다. 티샷을 앞두면 숨이 막히는 듯한 답답함을 느끼며, 심장이 쿵쾅쿵쾅 뛰어 동반자에게 들릴까 걱정이다. 샷 하는 순간에는 온몸이 달아오르며, 공이 어디로 날아갈지 무섭다. 입스는 자신감이 바닥난 상태이다. 이는 마치 정상적인 일상생활을 못 하게 되는 공황장애와 같다. 따라서 잦은 미스 샷을 입스라고 단정 짓기 전에 골프의 본질을 파악하는 노력이 선행되어야 한다.

091

상대의 규칙 위반에 대처하라

라운드를 하다 보면 동반자의 규칙 위반을 목격하는 경우가 종종 있다. 공을 슬쩍 건드리기도 하고, 없던 공을 몰래 하나 내려놓기도 한다. 그린 위에서는 마커를 옮기기도 하고, 드롭 위치를 노골적으로 자신에 유리하게 선택하는 경우도 있다. 규칙 위반의 종류는 단순 실수도 있겠지만 고의적인 경우도 있고, 사안이 경미한 경우도 있고 중대한 경우도 있다.

사실 동반자의 규칙 위반을 게임 중에 거론하는 것은 쉽지 않다. 상대로부터 까칠하다는 소리를 들을 수도 있고, '선수도 아닌데 너무하는 게 아니냐'는 핀잔을 들을 수도 있다. 좀 더 멘탈이 약한 골퍼들은 상대와 어색한 관계를 만들고 싶지 않거나, 상대에게 배려심 없는 사람으로 인식되는 것을 걱정하기도 한다.

하지만 동반자의 규칙 위반을 목격하고도 그냥 넘어간다면 정작 자신의 게임에 좋지 않은 영향을 미치게 된다. 상대에 대한 실망감, 부정행위에 대한 못마땅함, 신뢰를 저버린 배신감 등으로 인해 게임에 대한 흥미가 현저하게 떨어질 뿐만 아니라 규칙 위반을 더 이상 못하도록 제지해야 하나 고민하면서 내 샷에 대한 집중력도 떨어진다. 결국 나만 손해라는 이야기다.

자신의 게임을 위해서는 상대의 규칙 위반행위에 적절하게 대처해야 한다. 고의적이지 않거나 사소한 것은 못 본 척 넘어간다고 하더라도 의도적이거나 사안이 중대할 때는 반드시 짚고 넘어가야 한다. 선수라면 무조건 경기위원 입회하에 처리해야 한다. 그래야 상대로부터 쌓인 부정적인 감정을 해소하는 동시에 내 샷에 대한 집중력을 높일 수 있다. 특히 랭킹에도 영향을 미칠 수 있으므로 더욱 단호한 대처가 필요하다.

092

과정에 대한 목표를 세워라

골프 연습을 할 때는 연습의 목표가 있어야 한다. 그래야 훈련에 대한 방향을 잡고, 체계적으로 해나갈 수 있기 때문이다. 그리고 좀 더 적극적이고 의욕적인 태도를 가질 수 있다. 목표를 설정할 때는 보통 단기 목표, 중장기 목표를 거론한다. 하지만 대부분의 골퍼는 기간과 상관없이 '결과 중심적인 목표'를 세우는 경향이 있다.

가령 보통의 골퍼라면 '100타를 깨겠다', '90타를 깨겠다', '누군가를 이기겠다.' 선수라면 '몇 등 안에 들어야겠다', '예선 통과가 목표다', '언더파를 치겠다' 등이다. 이러한 다짐은 스코어나 랭킹에만 초점이 맞춰진 결과

중심적인 목표이다. 이와 같은 결과 중심적인 목표는 멘탈적인 측면에서 많은 부작용을 일으킨다.

그것은 목표 실패에 따른 실망감, 자책감, 조급함뿐만 아니라 자신감 하락과 집중력 감소, 의욕과 흥미 상실 등을 의미한다. 이러한 과정이 반복되다 보면 골퍼는 심리적인 악순환에 빠져 자신의 재능과 소질을 의심하며, 결국 골프를 포기할지 고민하기에 이른다. 이와 같은 부작용을 방지하기 위해서는 과정 중심적인 목표를 가져야 한다.

과정 중심적인 목표는 대체로 멘탈적인 측면에 있다. 타깃에 집중하는 플레이, 나만의 루틴 완성, 무의식적인 스윙, 퍼팅 거리감 향상, 그린 리딩능력 향상, 욕심을 부리지 않는 플레이, 스코어를 신경 쓰지 않는 플레이, 신중함에서 벗어나기, 감정 다스리기, 불안감 낮추기, 자신감 향상 등등. 성적은 과정에 집중할 때 따라오는 보너스이다.

노력에 비해 제 기량을 발휘하지 못하는 골퍼는
기술적인 부분이 아닌 멘탈적인 부분에서 문제점을 찾아야 한다.
자신감이 떨어지면 불안감이 커지고 집중력이 흐려진다.
불안감은 몸을 경직시켜 미스 샷을 일으킨다.

093

주어진 시간을 누려라

라운드할 때 골퍼들이 가장 신경 쓰는 것 중 하나는 바로 진행 시간이다. 앞 팀과 조금만 떨어지기라도 하면 캐디가 눈치를 주기도 하고, 진행요원이 따라붙기도 한다. 성미가 급한 동반자를 만나기라도 하면 라운드 내내 가시방석이 따로 없다. 골퍼는 초보 시절 쉴 새 없이 뛰어다니던 기억 때문에 필드에서 여전히 바쁘다.

하지만 이렇게 시간의 압박을 받는 라운드에서 공이 잘 맞을 리 없다. 잘 치다가도 '빨리 치라'는 누군가의 말 한마디는 플레이를 조급하게 만든다. 이미 죄인이 된 듯, 자책하는 생각들이 마음 한편에 자리 잡는다. '나 때문에 늦는다고 사람들이 싫어할 거야', '모두 기다리니까 빨리 치자', '나는 느리니까 항상 미리 준비해야 해.'

이러한 시간의 압박은 골퍼의 집중을 깨는 치명적인 방해 요소이다. 바쁜 행동이 습관이 된 골퍼들은 자신의 그런 태도가 골프 실력에 큰 영향을 미치고 있다는 사실을 인지하지 못한다. 자신은 늘 왜 그렇게 바쁜지 의아할 뿐이다. 골프를 원래 바쁘게 움직여야 하는 스포츠로만 여기고 애당초 그런 태도를 바꾸지 못한다.

골퍼는 자신의 시간을 누릴 수 있어야 한다. 이동 시간에는 빠르게 움직이되, 샷을 하는 시간만큼은 진행 걱정이나 타인 걱정에서 벗어나야 한다. 행여나 집중하는 시간에 누군가로부터 압박받는다면 반발할 수도 있어야 한다. 샷을 하는 시간은 온전히 나에게 주어진 시간이기 때문이다.

094

긍정적으로 대화하라

언어는 심리상태와 정서 상태를 반영한 결과물로써 표현된다. 다시 말해 각자 살아온 환경은 각각 다른 자아상 self-image 을 만들고, 그것은 말할 때 어휘 선택에 영향을 미친다는 이야기다. 가령 말 한마디를 하더라도 부정적인 생각이 가득한 사람은 부정의 언어가 나오기 쉽고, 긍정적인 생각이 가득한 사람은 긍정의 언어가 나오기 쉽다.

　골퍼 중에는 만족스럽지 않은 경기를 하고 난 후, 경기에 대한 핑계와 변명을 늘어놓고 싶어 하는 사람들이 있다. 또한 푸념과 신세 한탄 같은 말을 좋아하는 사람들이 있다. 이들은 굳이 자신의 미스 샷, 실패한 것만을 떠올리며 '나는 왜 이리 안 되나!', '도대체 뭐가 문제인가?' 하며 괴로워한다. 그리고 자신의 재능을 불평하고 자신을 둘러싼 환경을 탓하곤 한다.

이들은 자신의 비관적인 이야기를 들어줄 상대를 찾으면서 자신과 비슷한 처지에 있는 사람들을 반긴다. 이들은 만남을 통해 서로의 감정에 공감하고, 서로의 상황에 동조하며, 서로의 고충에 맞장구친다. 그리고 자신과 같은 처지, 같은 마음을 가지고 있는 사람이 있다는 사실에 안도하며 그 순간 스스로를 위로한다. 이들의 대화는 부정의 언어로 가득 차 있다.

경기를 하고 난 후 자신이 내뱉는 언어를 돌이켜보자. 핑계와 변명, 푸념과 신세 한탄이 많은가? 아니면 잘한 것에 대한 자긍심, 자신감을 위한 언어가 많은가? 혹시라도 부정의 언어가 많다면 다음 경기에도, 또 그다음 경기에도 부정의 언어로만 채워질 것이다. 자신의 심리 상태를 들여다보며 긍정의 대화를 다짐해보자.

095

긴장감을 낮춰라

스포츠 선수들은 경기에서 긴장감을 풀기 위한 저마다의 방법을 가지고 있다. 베이징 올림픽 수영 금메달리스트 박태환 선수는 경기 직전 헤드셋을 착용하고 음악을 듣는다. 도쿄 올림픽 양궁 금메달리스트 김제덕 선수는 경기 중간중간 크게 '파이팅!'을 외친다. 미국의 수영 선수인 시에라 슈미트는 케이팝 춤을 추며 경기를 준비한다. 경기 중 껌을 씹는 야구 선수들의 모습도 흔히 볼 수 있다.

스포츠 선수에게 과도한 긴장감은 경기 성적에 영향을 미칠 만큼 좋지 않은 것이다. 긴장감이 커지면 민첩성이 떨어지고 쉽게 피로감을 느낄 수 있다. 또한 집중력 저하로 시야도 좁아진다. 판단력도 흐려져 결국 제 기량을 발휘하지 못한다. 긴장감은 스포츠 선수뿐만 아니라 연기자, 강연자, 연주자, 가수 등 무대에 오르는 사람들에게 반드시 극복해야 할 대상이다.

골프 선수들을 대상으로 긴장감을 푸는 방법에 대한 설문조사를 한 결과, 1위는 '물 마시기', 2위는 '호흡 가다듬기'였다. 신체의 긴장을 풀기 위한 가장 기본적인 방법들이라 할 수 있다. 3위는 '자신만의 루틴', 4위는 '캐디와의 대화'였다. 루틴은 자신에게 집중함으로써 긴장감을 완화할 수 있고, 대화는 정신적인 긴장을 풀기 위한 좋은 방법 중 하나다.

긴장감을 효과적으로 풀기 위해서는 오감五感을 여는 것이 좋다. 경치를 바라보며 시각을 발동시키고, 새소리를 들으며 청각을 발동시킨다. 풀냄새를 맡으며 후각을 발동시키고, 물 한 모금, 간식거리를 먹으며 미각을 발동시킨다. 그리고 스트레칭이나 연습 스윙을 통해 촉각을 발동시킨다. 오감이 열릴 때 긴장감은 낮아진다.

골퍼는 자신의 시간을 누릴 수 있어야 한다.

이동 시간에는 빠르게 움직이되, 샷을 하는 시간만큼은

진행 걱정이나 타인 걱정에서 벗어나야 한다. 행여나 집중하는 시간에

누군가로부터 압박받는다면 반발할 수도 있어야 한다.

샷을 하는 시간은 온전히 나에게 주어진 시간이기 때문이다.

096

때로는 상대의 마음을 흔들어라

골프 황제 타이거 우즈는 상대의 머릿속에 들어가서 그 선수의 경기를 방해할 수 있다면 그것은 막상막하의 경기에서 비장의 무기가 될 수 있다고 말한 적 있다. 또한 타이거는 꾀를 내어 상대를 혼란스럽게 하는 것을 좋아하는데, 이는 골프의 재미 중 하나라고 말했다. 타이거 자신도 경기 중 교묘한 술수를 쓰는 다른 선수들을 경험한 적이 있다고 했다.

이러한 교묘한 술수는 말로써 상대를 교란하는, 속칭 '구찌'라고 일컫는 행위와는 구별된다. 가령 상대를 깎아내리는 말, 문제점을 지적하는 말, 미스 샷을 유도하는 노골적인 말, 샷 하는 순간의 방해를 위한 말 등은 상대의 마음을 흔드는 전략이라기보다 골프의 기본정신인 '상대에 대한 배려'가 없는 비매너 행위이다.

　게임의 전략으로써 상대의 마음을 흔들기 위해서는 직접적인 말로 공격해서는 안 된다. 상대의 기분과 감정을 건드리지 않아야 하며, 자연스러운 행위 속에 녹아 있어야 한다. 그만큼 교묘하게 진행되어야 한다는 뜻이다. 예를 들면 스윙을 칭찬하는 말, 상대가 의도하지 않은 일에 대한 감사의 말, OB나 장애물을 상기하게 만드는 말 등이 있다.

　타이거 우즈가 쓴 방법으로는 아주 좋은 샷을 치고 난 뒤 마치 실수한 것처럼 반응하기, 상대에게 짧은 퍼트 몇 개를 OK 준 후 뒤이어 OK 안 주기, 사용하지 않을 채를 가지고 연습 스윙하면서 상대도 따라 하도록 만들기, 페어웨이에 있는 상대의 공을 마치 내 것인 양 잠시 쳐다보며 망설이다 가기 등이 있다.

097

자신을 응원하고 격려하라

멘탈이 좋지 않은 골퍼들 즉, 자신감은 없고 골프 때문에 스트레스를 많이 받는 골퍼들은 샷이 마음에 들지 않아서 씩씩대다가도 어쩌다 잘 맞은 공이 나오기라도 하면 '왜 이제 나오냐!'며 여전히 씩씩댄다. 라운드 내내 투덜투덜 불만스러운 내색을 감추지 못한다. 자존심 때문에 겉으로는 핑계와 변명을 늘어놓으면서도 속으로는 자신에게 욕을 해대고 비관적인 생각에서 벗어나지 못한다.

자신을 비관하는 정도가 심하면 옆에서 보기에 안쓰럽기도 하고, 뭐라 마음을 진정시켜주고 싶어도 말 한마디 붙이기가 어렵다. 심지어는 같이 라운드하고 싶은 생각이 뚝 떨어지기도 한다. 이렇게 부정적인 생각이 가득한 골퍼는 게임을 잘 풀어갈 수가 없다. 감정이 언제 폭발할지도 모르고, 예민한 태도로는 경기에 집중하는 것이 어려워진다.

골퍼는 마음속에 자신을 응원하는 치어리더를 두어야 한다. 치어리더는 자신이 응원하는 팀이 성적을 내지 못한다고 해서 비관하거나 욕을 하는 법이 없다. 실수가 나와도 "괜찮아, 괜찮아!"를 연발하며, 잘한 플레이에는 더 열광하며 기뻐한다. 골퍼에게 이런 치어리더가 항상 따라다닌다면 골퍼의 마음은 한결 여유롭고 힘이 날 것이다.

미스 샷이 걱정될 때는 '잘할 수 있어', '용기를 내자', '끝까지 도전하자'와 같은 생각을 해보자. 실수가 나올 때면 '타이어 우즈도 OB를 내고 쓰리 퍼팅을 한다'라고 생각하자. 오늘 라운드가 잘되지 않았다면 '오늘은 운이 좋지 않았지만 다음에 잘하면 된다'와 같은 생각을 해보자. 잘한 플레이가 나왔다면 '내가 이렇게 멋진 샷을 할 수 있는 사람이야!'라며 자긍심을 가져보자.

098

행복하기 위해 골프하라

골프를 좋아하는 많은 사람들이 정작 골프 때문에 심한 스트레스를 받는 경우가 있다. 친구들에게 패배하는 것이 자존심 상하고, 잦은 미스 샷에 실망하며, 내기에라도 지면 분노를 느낀다. 또한 구력이 쌓여도 정체된 실력에 창피함과 한심함을 느낀다. 선수라면 지지부진한 성적으로 미래가 불안하고, 노력한 만큼 보상이 따라오지 않아 억울하며, 주변 사람들의 시선이 부담스럽다.

이들에게 골프는 이미 즐거움의 대상이 아니다. 그 스트레스를 해결하고자 레슨을 받고 연습도 열심히 해보지만, 여전히 나아지지 않는 스코어에 자괴감만 밀려온다. 그만두자니 여태껏 투자한 시간과 돈이 아깝고, 계속하자니 고민거리만 늘어나고 이러지도 저러지도 못하면서 도살장 소 끌려가듯 필드에 나선다.

골프의 본질은 놀이에 있다. 그 목적은 어릴 적 구슬치기, 딱지치기, 공기놀이처럼 친구들과 어울려 소소한 경쟁과 함께 즐거운 시간을 보내는 데 있다. 이런 놀이에는 패배에 대한 아쉬움은 있을지 몰라도 그것이 잘 안된다고 삶 전체가 우울하지는 않다. 만약 골프로 인해 삶 전체가 우울해진다면 그것은 골프를 놀이로써 하지 못하고 있다는 명백한 증거이다.

골퍼는 골프를 통해서 행복해져야 한다. 일상에서 벗어난 해방감, 자연을 즐기는 여유로움, 신체활동을 통한 스트레스 해소, 사람들과의 친목 도모가 되어야 한다. 공이 좀 안 맞으면 어떤가? 하루 소풍 나오듯 잔디를 거닐면 안 되는가? 골프가 직업인 선수들 역시 자신만의 흥밋거리로 출발하지 않았던가? 놀이로써 충실할 때 비로소 골프에 대한 고민이 풀릴지도 모른다.

골프의 본질은 놀이에 있다. 그 목적은 어릴 적 구슬치기, 딱지치기, 공기놀이처럼 친구들과 어울려 소소한 경쟁과 함께 즐거운 시간을 보내는 데 있다. 이런 놀이에는 패배에 대한 아쉬움은 있을지 몰라도 그것이 잘 안된다고 삶 전체가 우울하지는 않다. 만약 골프로 인해 삶 전체가 우울해진다면 그것은 골프를 놀이로써 하지 못하고 있다는 명백한 증거이다.

099

뒤엉킨 실타래를 풀어라

골프는 마치 미로 게임과 같다. 출구를 향해 이길 저길 찾아보지만 왔던 길을 돌아가야 할 때도 있고, 같은 길을 뱅뱅 돌기도 한다. 어쩌다 길을 찾은 것 같다가도 또다시 길을 잃고 불안감에 휩싸이곤 한다. 출구를 찾기 위한 노력은 절박하게 계속되지만, 여전히 보이지 않는 출구에 마음만 조급해지고 두려움이 커진다.

골프 한번 잘 쳐보겠다고 이런 방법, 저런 방법 다 써보고, 이 선생한테 배워보고, 저 선생한테 배워보고, 온갖 인터넷 정보를 뒤지면서 마침내 방법을 찾은 것 같다가도 머지않아 또다시 같은 문제로 고민한다. 특히 선수들은 인생을 걸고 하는 골프이기 때문에 한층 더 심각하게 진행된다.

이쯤 되면, 골프를 잘하기 위한 노력은 마치 자신을 점점 옥죄는 올가미와 같아진다. 벗어나려고 몸부림칠수록 고통과 상처는 더 커져만 간다. 더 움직이다간 옴짝달싹 못 하고 숨도 못 쉬는 지경에 이를 것이다. 정신없이 헤매는 자신의 마음을 붙잡아보자. 조급한 마음으로 오늘 당장 답을 찾기 위해 덤벼들다간 정작 중요한 부분을 놓치게 된다.

잠시 골프를 잊고, 자기 내면과 마주해보자. 골프를 처음 시작했을 때 골프에 대한 감정은 어땠나? 골프를 하면서 가장 행복했던 순간은 언제였던가? 나는 무엇 때문에 골프를 하고 있는가? 나는 골프를 통해 무엇을 얻고 싶은가? 그것이 골프를 시작했던 까닭이고, 현재도 골프를 하는 이유가 아닌가? 여기서부터 뒤엉킨 실타래를 하나씩 풀어보자.

100

PERFECT MENTAL

멘탈도 완벽할 수 없다

이 세상의 모든 일에는 완벽함이란 없다. '많다'가 있으면 '적다'가 있고, '짧다'가 있으면 '길다'가 있으며, '낮다'가 있으면 '높다'가 있기 마련이다. 어느 잣대를 갖다 대느냐에 따라 다름이 있을 뿐이다. 이런 관점에서 '완벽한 스윙'이란 말은 공허하기 짝이 없다. 스윙은 완벽하게 좋은데 좋은 점수를 기록하지 못한다면 그 스윙이 완벽하다고 말할 수 있는가?

골프 멘탈도 마찬가지이다. 지금까지 좋은 골프 멘탈을 위한 100가지 지침을 제시했지만, 그 누구도 이를 완벽하게 해낼 수는 없다. 다시 말해 골프에 대한 자신감이 한번 생겼다 하더라도 꾸준히 유지되기란 쉽지 않다는 이야기다. 왜냐하면 골퍼들은 반드시 미스 샷을 칠 것이고, 타인으로부터 문제점을 지적받을 것이며, 수많은 스윙 정보에 노출될 것이다. 그리고 마음대로 되지 않는 골프에 한탄하는 순간들이 반복될 것이기 때문이다.

사람의 마음은 시시때때로 바뀐다. 아름답고 멋진 이성 앞에서 자신도 모르게 눈이 돌아가듯, 좋은 물건과 재물 앞에서 욕심이 생기듯, 그토록 '욕심을 버리자'라고 다짐했어도 언제 어디서 무너질지 모른다. 골퍼에게 버디, 성적, 완벽한 스윙 등은 그와 같은 탐욕의 대상이다. 설령 욕심을 냈다 해서 자신을 비난하거나 자책할 필요는 없다. 사람으로서 골퍼로서 당연한 현상이다.

하지만 지나치면 화를 자초하게 되므로 늘 이성적인 사고로써 자신을 통제하려고 애써야 한다. 골퍼들이 알아야 할 것은 '자신의 실력이 온전히 발휘되려면 좋은 멘탈이 있어야 한다'는 점과 '완벽한 멘탈은 불가능한 일이지만 좋은 멘탈을 갖기 위해 늘 노력해야 한다'는 점이다. 그것이 곧 퍼펙트 멘탈perfect mental이다.

참고문헌

『골프의 심리학(2005)』, 스티브 윌리엄스, 휴 드 레이시, 네오북스

『나는 어떻게 골프를 치는가(2002)』, 타이거 우즈, 황금가지

『모든 샷에 집중하라(2007)』, 피아 닐손, 린 메리엇, 루비박스

『밥 로텔라의 쇼트 게임 심리학(2020)』, 밥 로텔라, 예문당

『소렌스탐의 파워골프(2004)』, 아니카 소렌스탐, 넥서스북스

『열다섯 번째 클럽의 기적(2006)』, 밥 로텔라, 예문당

PERFECT
MENTAL